Spiele für Workshops und Seminare

Susanne Beermann
Monika Schubach
Ortrud E. Tornow

Inhalt

So setzen Sie die Spiele ein

Wer kennt das nicht: In einem Workshop dauert es wieder einmal viel zu lange, bis die Teilnehmer locker und zutraulich werden. Oder ein Meeting, bei dem neue Produktideen generiert werden sollten, zieht sich hin, die Teilnehmer wirken müde, Kreativität ist nicht zu spüren. Was hier hilft, sind Spiele. Sie sind ein Hilfsmittel, das die unterschiedlichsten Teilnehmer anspricht, und sie sind inhaltlich und zeitlich vielseitig einsetzbar. Warum sollten Sie sich diese nicht auch in Ihren Seminaren, Workshops, Meetings oder Konferenzen zu Nutze machen? Vom Eisbrecher über Teambildung, Konzentrations- und Kreativitätsübungen bis hin zum gelungenen Abschluss finden Sie in diesem Buch zahlreiche Vorschläge.

Die Vorteile von Spielen

Spielerisch lernen wir am einfachsten. Alle Kinder lernen so: Sie sehen etwas, sie probieren es aus, sie üben und irgendwann können sie es dann – sei es laufen, Türme bauen usw. Leider ist unser Schulsystem so konzipiert, dass diese Lernmethode spätestens nach der Grundschule kaum noch angewendet wird und wir dann meist nur noch durch Zuhören lernen dürfen. Schade eigentlich, denn Lernen durch Spielen macht Freude und alles, was Freude macht, bleibt auch länger im Gedächtnis haften.

Außerdem verbinden Spiele. Miteinander etwas erleben, miteinander lachen, miteinander etwas erreichen – all das sind die besten Voraussetzungen für eine gute Zusammenarbeit und ein entsprechendes Gruppenzusammengehörigkeitsgefühl. Gerade in Meetings oder Workshops einer Firma oder Abteilung kann dies weitreichende Konsequenzen bis hinein in den Firmenalltag haben, nämlich die tägliche Zusammenarbeit verbessern. Stellen Sie sich eine Fußballmannschaft vor, die aus lauter Einzelkämpfern besteht – das würde nicht funktionieren.

Was Spiele bewirken

Egal, ob Sie ein Seminar leiten, einen Workshop organisieren oder lediglich als Teilnehmer in einem wichtigen Meeting agieren – die Spiele helfen Ihnen, die Veranstaltung interessanter, effizienter und nachhaltiger zu gestalten. Und dabei haben Sie und die anderen Teilnehmer auch noch Spaß!

Eisbrecher zum Beginn eines Seminars helfen bei der Kontaktaufnahme, insbesondere bei Teilnehmern, die sich bis dato nicht kannten. Aktivierungsübungen bringen wieder Energie, sie eignen sich besonders nach einer längeren Phase des Zuhörens. Kreativitätsspiele bringen ein müdes Brainstorming in Schwung, Entspannungsübungen sind besonders dann angebracht, wenn die Teilnehmer intensiv gearbeitet haben, z.B. vor dem Einstieg in einen neuen Themenblock oder vor einer längeren Pause, aber auch am Abend, zum Ausklingen eines Seminartags.

Generell eignen sich Spiele aber natürlich immer dann, wenn ein bisschen Abwechslung gut tut. Also scheuen Sie sich nicht. Vielleicht versuchen Sie es zu Anfang einmal vorsichtig mit der einen oder anderen Aktivierungs- oder Entspannungsübung. Oder allein die Einteilung der Teilnehmer in Gruppen mit Hilfe von Gummibärchen oder Bonbons bringt bereits ein kleines Erfolgserlebnis. Wenn die Teilnehmer erst einmal gemerkt haben, dass es auch anders geht, werden sie auch problemlos bei anderen Spielen und Übungen mitmachen.

Mögliche Widerstände

Der Vorschlag, in einem Seminar oder Meeting zu spielen, ist vor allem bei denjenigen Teilnehmer schwierig, die grundsätzlich nicht gerne spielen. Ihnen kommt das zunächst manchmal kindisch vor. Aus diesem Grund sollten sie auch keinen Teilnehmer zwingen, an Spielen und Übungen teilzunehmen. Es ist durchaus erlaubt, einfach zuzusehen. In den meisten Fällen gibt sich das aber sehr schnell, wenn die Teilnehmer sehen, wie viel Freude die anderen an den Spielen und Übungen haben.

Ihre Rückmeldung

Ein herzliches Dankeschön gilt allen Kollegen, die uns ihre „Favoriten" zur Verfügung gestellt haben. Wir hoffen, sie gefallen Ihnen genauso gut wie uns. Vielleicht haben Sie ja Lust, uns die eine oder andere Rückmeldung zu geben? Wir würden uns darüber freuen! Die Kontaktadressen finden Sie im Abschnitt „Die Autoren".

Das Einmaleins der perfekten Spiele

- Spiele in Workshops und Seminaren einzusetzen, bedeutet Lernen mit allen Sinnen. Sie sollten Übungen daher immer dann in Ihr Seminar- oder Workshop-Konzept aufnehmen, wenn es darauf ankommt, trockenes und kopflastiges Wissen für die Teilnehmer erspürbar und mit Herz und Hand erfahrbar zu machen.

- Damit Übungen gelingen, sollten Sie sie intensiv vorbereiten. Wenn ein Spiel aus dem Ruder läuft oder schief geht, kann das für den Trainer sehr unangenehm sein. Es lohnt sich daher, die Übung im Vorfeld des Seminars/Workshops zu proben, am besten mit Testpersonen.

- Suchen Sie Übungen aus, die auf die Zielgruppe abgestimmt sind. Als Themen für die Übungen sollten, wenn möglich, immer Bereiche aus dem täglichen Arbeitsalltag der Teilnehmer gewählt werden. Nur so vergessen die Teilnehmer schnell, dass sie sich in einem Spiel befinden und übertragen die Erkenntnisse aus der Übung leichter in ihre Praxis.

- Mancher Teilnehmer stört sich am Wort „Spiel" und verbindet dies mit albern sein. Geben Sie Spielen daher einfach einen anderen Namen, z.B. Experiment, Herausforderung oder Aufgabe.

- Vereinbaren Sie zu Beginn immer klare Regeln: Wer übernimmt welche Führungsrollen? Wer ist im Team? Wer beobachtet das Ganze, um später sein Feedback zum Prozess zu geben? Wer muss welche Verhaltensweisen einhalten (z.B. darf nicht sprechen oder darf nichts sehen)? Regeln sind wichtig, da viele Spiele ohne sie an Reiz und Wirkung verlieren.

- Seien Sie nicht zu streng. Lernen soll Freude bereiten!

- Zeitvorgaben für Spiele sind zur Planung des Seminars natürlich sinnvoll. Wenn jedoch das Team noch zwei Minuten mehr braucht, bis es die Aufgabe gelöst hat, kann ein allzu starrer Zeitplan kontraproduktiv sein. Gönnen Sie dem Team dann lieber das Erfolgserlebnis.

- Seien Sie selbst begeistert – und machen Sie auch mit! Begeisterung steckt an.

- Motivieren Sie die Teilnehmer. „Ich habe Ihnen eine interessante Aufgabe mitgebracht, bei der Sie Einiges über sich selbst erfahren können. ...", klingt einladender und spannender als der trockene Satz „Wir machen jetzt ein Spiel."

- Die meisten Übungen brauchen eine richtige Nachbereitung, um ihre Wirkung für die Teilnehmer transparent zu machen. Bitten Sie jeden Mitspieler und Beobachter, am Ende einer Übung ein spontanes Statement abzugeben. Danach bietet sich oft eine Reflexionsrunde in der Gruppe an, in der z.B. folgende Fragen besprochen werden: Wie erging es uns im Team? Was lief gut – was hätten wir uns in welchen konkreten Situationen gewünscht? Was hätten wir tun können, um den Prozess zu beschleunigen, zu professionalisieren? Welche Rolle spielt die Kommunikation?

Der Begriff Teilnehmer wird im Folgenden mit „TN" abgekürzt.

Eisbrecher

Kennenlernspiele sind die wichtigsten Spiele überhaupt. Ungewohnte Situationen, neue Umgebung, fremde Menschen – all das sind Hemmschwellen, die es zu überwinden gilt, damit ein tragfähiges Diskussionsklima entstehen kann.

Ein kleines Spiel bewirkt hier bisweilen Wunder. Kommunikationsschwierigkeiten werden gemeistert und die Voraussetzungen für gemeinsames Arbeiten geschaffen. Kurzum: Eisbrecher sind der einfachste Übergang vom Alltag zur Seminar-, Konferenz- oder Workshopsituation.

Schlüsselbund

Zweck: paarweises Kennenlernen, Persönliches erzählen

Dauer: ca. 15 Minuten

Anzahl der Teilnehmer: unbegrenzt, gerade Anzahl

Hilfsmittel: Schlüsselbunde der TN

Beschreibung

Die TN sitzen paarweise zusammen. Der Trainer bittet alle, ihre Schlüsselbunde herauszunehmen. Jedes Paar stellt sich nun anhand der Schlüssel gegenseitig vor: „Dies ist mein Kellerschlüssel. Unser Keller hat drei Räume und ist ...! Dies hier ist mein Fahrradschlüssel. Das Fahrrad habe ich mir im letzten Urlaub gekauft, weil ...!" Eventuell können mehrere Runden gespielt werden, in denen die Partner jeweils wechseln, damit sich möglichst viele TN kennenlernen.

Wichtig ist dabei, es den TN zu überlassen, was sie von sich preisgeben wollen. Jeder darf und soll so auskunftsfreudig sein, wie er möchte.

Wirkung

In aller Regel ergibt sich hier ein interessantes Gespräch zwischen zwei fremden Menschen, in dem sich die beiden gut kennenlernen. Diese Übung bringt die TN auf sehr unkomplizierte Art und Weise miteinander in Kontakt, da sie über Schlüssel reden (und nicht über sich selbst, was die Hemmschwelle senkt) und dabei eine ganze Menge von sich erzählen. Gerade seminarerfahrene TN erleben diese Kennlernübung als eine erfrischende Alternative zu eher üblichen Paar-Fragerunden mit dem anschließenden Vorstellen des Partners. Der „Schlüsselbund" bewirkt einen schwungvollen Einstieg, wobei die TN durch das gemeinsame Sprechen über ein Thema sanft in Richtung Wir-Gefühl gelenkt werden.

Dieses Spiel können Sie auch gut bei TN einsetzen, die sich bereits kennen – auch diese werden viel Neues von ihren Kollegen erfahren.

Marcus Koch

Gemeinsamkeiten verbinden

Zweck: Kennenlernen, Gemeinsamkeiten erkennen

Dauer: ca. 25 Minuten

Anzahl der Teilnehmer: unbegrenzt in Kleingruppen à 3 oder 4 Personen

Hilfsmittel: pro Gruppe einen Bogen Flipchart-Papier, dicke Filzschreiber

Beschreibung

Die TN bilden idealerweise Dreiergruppen (je nach Gruppengröße auch Vierer-Teams) und erhalten jeweils einen Bogen Flipchart-Papier. Gemeinsam gilt es innerhalb von 10 Minuten herauszufinden und schriftlich festzuhalten, was für Interessen, Eigenschaften oder Erfahrungen

- alle TN der Gruppe gemeinsam haben,
- zwei von ihnen jeweils gemeinsam haben und
- welche Besonderheiten jeder einzelne von ihnen hat.

Zum Schluss wird das Ergebnis entweder im Team gemeinsam oder nur von einem Gruppenmitglied im Plenum vorgestellt.

Wichtig ist dabei, es den TN zu überlassen, was sie von sich preisgeben wollen.

Wirkung

In den Gruppen entsteht heftiger Austausch über das, was jeder bereit ist, von sich preiszugeben, und was schließlich auf Papier gebracht werden soll. Oft ist festzustellen, dass die Teams jeweils zu ganz unterschiedlichen Ergebnissen kommen: Das eine Team hat sich hauptsächlich auf Berufliches fokussiert, das andere legt den Schwerpunkt mehr auf Privates und ein weiteres behandelt beide Bereiche recht ausgewogen.

Die TN sind bei der Präsentation im Plenum häufig überrascht, wie unterschiedlich verschiedene Gruppen Kennenlernen definiert und das Ganze auf Papier gebracht haben.

Diese Übung ist interessant für Seminare, in denen später auch die Themen Kommunikation und Information bearbeitet werden. Man kann dann zu einem späteren Zeitpunkt im Seminar die Ergebnisse der Übung noch einmal Revue passieren lassen.

Ortrud Tornow

Ich bin anders als du

Zweck: Kennenlernen in der Gruppe, Persönliches erzählen, Gemeinsamkeiten erkennen

Dauer: ca. 20 Minuten

Anzahl der Teilnehmer: 6 bis 12

Beschreibung

Die TN sitzen im Stuhlkreis. Einer steht auf, geht in die Mitte und fängt an, über sich zu erzählen, so z. B. über seine Fähigkeiten, Eigenschaften, Hobbys etc. Die anderen TN sind aufgefordert, sich zustimmend zu äußern, wenn sie ebenfalls diese Eigenschaften oder Fähigkeiten besitzen oder z. B. demselben Hobby nachgehen. Erst wenn sich kein anderer TN findet, der das gleiche kann oder tut wie der Erzählende, ist ein anderer an der Reihe, von sich zu erzählen.

Wirkung

Die TN sind sehr konzentriert und entdecken neben vielen Gemeinsamkeiten auch das Besondere des jeweils Erzählenden. Namen und Personen können sich durch die Zuordnung des Erzählten besser gemerkt werden. Bei späteren Paar- bzw. Gruppenarbeiten gehen die TN schneller aufeinander zu. Da diese Form des Kennenlernens mal eine andere Variante ist als die üblichen Kennenlernspiele, kommt diese Übung besonders gut bei TN mit viel Seminarerfahrung an.

Ortrud Tornow

Mein persönliches Stimmungsbild

Zweck: TN emotional abholen

Dauer: ca. 20 bis 30 Minuten

Anzahl der Teilnehmer: 10 bis 20

Hilfsmittel: Bilder aus Zeitungen/Zeitschriften oder Fotos

Beschreibung

Die TN sitzen im Stuhlkreis an einem Tisch. In der Mitte auf dem Tisch liegen die Bilder oder Aufnahmen. Jeder sucht sich ein Bild oder Foto aus, mit dem er sich identifiziert oder mit dem er etwas Persönliches assoziiert. Die TN zeigen dann der Reihe nach den anderen das Bild und erzählen alles, was ihnen dazu einfällt, also z.B. Eindrücke, Erlebnisse, Gefühle oder Assoziationen.

Variante: Anstelle von Bildern/Fotos können auch andere Gegenstände auf dem Tisch platziert werden, wie z.B. Stofftiere, Obst, Kaffeetassen, Schal, Stifte.

Wirkung

Die Beteiligten lernen sich in dieser Übung spielerisch kennen und erzählen etwas von sich, das über die bloßen Fakten hinausgeht. Die TN sind für diese Übung in der Regel offener, wenn es im Seminar um Persönlichkeit bzw. Selbsterfahrung geht.

Ortrud Tornow

Mein persönliches Wappen

Zweck: Kennenlernen, Auseinandersetzung mit der eigenen Persönlichkeit

Dauer: ca. 30 Minuten

Anzahl der Teilnehmer: 4 bis 12

Hilfsmittel: pro Teilnehmer einen Bogen Flipchart-Papier und 4 Stifte in unterschiedlichen Farben

Vorbereitung: Flipchart oder Whiteboard mit vorbereiteten Fragen beschriften

Beschreibung

Die TN sitzen mit ausreichend Platz verteilt an Tischen oder auch auf dem Boden. Jeder erhält einen Bogen Flipchart-Papier und 4 verschiedenfarbige Stifte. Der Trainer bittet die TN nun, ihr ganz persönliches Wappen zu erfinden. Es darf geschrieben oder gemalt werden. Als Anregungen kann der Trainer dazu die folgenden Fragen auf einem Flipchart festhalten:

- Wer bin ich?
- Was mache ich beruflich?
- Was sind meine Stärken?
- Was würde mein größter Kritiker über mich sagen?
- Was würde meine beste Freundin, mein bester Freund über mich berichten?
- Was könnten meine Symbole sein?

Im Anschluss präsentiert jeder TN sein Wappen im Plenum und erklärt, warum er diese Gestaltung gewählt hat.

Wirkung

Diese Übung ist gut zum Kennenlernen und hat einen wertvollen weiteren Effekt: Anhand des selbst gestalteten Wappens präsentieren die TN sich selbst – sie beschreiben ihre Besonderheiten und setzen sich mit diesen auseinander. Diese Übung ist daher für Seminare rund um das Thema „Persönlichkeitsentwicklung" interessant. Das Wappen kann auch in Folgeterminen immer wieder eingesetzt und weiterentwickelt werden.

Die TN kommen in der Regel nach einer kurzen Denkphase sehr gut im Thema an und entwickeln eine enorme Kreativität. Gerne nehmen die TN ihr ganz persönliches Wappen am Ende des Seminars mit nach Hause.

Ortrud Tornow

Wer bist du?

Zweck: Kennenlernen, über den anderen berichten

Dauer: ca. 30 Minuten

Anzahl der Teilnehmer: 6 bis 12, gerade Anzahl

Hilfsmittel: jeweils ein DIN-A4-Blatt und einen Stift pro Person, Flipchart oder Whiteboard

Vorbereitung: bei Bedarf Flipchart oder Whiteboard mit vorbereiteten Fragen beschriften (siehe hierzu Beschreibung)

Beschreibung

Alle TN erhalten einen Stift und ein Blatt Papier und finden sich paarweise jeweils an einem Tisch zusammen. Der eine Partner hat nun 5 Minuten lang Zeit, den anderen zu interviewen und möglichst viel über ihn zu erfahren. Die Antworten notiert er stichpunktartig. Danach wechseln sie die Rollen und der zuvor Befragte darf nun ebenfalls 5 Minuten Fragen stellen.

Themen sollten hierbei nicht vorgegeben werden. Alles, was interessiert, kann Gegenstand der Befragung sein. Sollte es aber für den Inhalt des Seminars oder für die TN sinnvoll sein, kann der Trainer vorher ein paar Leitfragen zur Orientierung an das Whiteboard oder Flipchart schreiben:

- Wie kam es, dass du heute hier im Seminar bist?
- Was ging dir auf dem Weg hierher durch den Kopf?

- Was muss hier im Seminar passieren, damit du zufrieden nach Hause gehst?

Im Anschluss an die Interviews stellt jeder seinen Gesprächs-partner der Gruppe vor.

Der Trainer kann den Interviewer am Schluss der Übung bitten, spontan seinen persönlichen Eindruck über den Ge-sprächspartner in ein bis zwei positiven Sätzen wiederzugeben.

Wirkung

Dieses Spiel ist zum einen eine klassische Kennenlern-Übung: Der Befragte erzählt etwas Persönliches von sich, der Interviewer offenbart, was ihn am Befragten interessiert. Zum anderen schult es das Präsentieren vor einer Gruppe. Außerdem ist die Übung ein sehr schöner Einstieg in die Themen Rhetorik, Kommunikation und Führung.

Die Bitte, am Ende positive Eindrücke wiederzugeben, trägt zu einer guten Atmosphäre im Seminar bei.

Ortrud Tornow

Speed-Dating

Zweck: spontanes Kennenlernen

Dauer: ca. 20 bis 30 Minuten

Anzahl der Teilnehmer: mind. 8, gerade Anzahl

Beschreibung

Die TN gehen durch den Raum. Sobald der Trainer ein Zeichen gibt, z.B. in die Hände klatscht, finden sich immer zwei TN zusammen und befragen sich gegenseitig. Nach kurzer Zeit gibt der Trainer erneut das Zeichen. Die Paare gehen auseinander und wieder im Raum umher. Beim nächsten Wechsel unterhalten sich die TN mit einem anderen Partner. Nach mehreren Durchgängen trifft man sich im Stuhlkreis. Jeder TN erzählt, was er von den anderen im Gespräch erfahren hat.

Wirkung

Diese Übung dient der unkomplizierten Kontaktaufnahme und fördert die Kommunikation zwischen den TN. Durch das Zufallsprinzip gehen die TN ohne Hemmungen aufeinander zu und tauschen sich aus. Aufgrund der knappen zeitlichen Vorgaben müssen sich die TN auf das Wesentliche beschränken, Fragen und Antworten kommen spontan aus dem Bauch heraus.

Ortrud Tornow

Was kann da nicht stimmen?

Zweck: schult die Kreativität und die Fremdeinschätzung

Dauer: ca. 30 bis 40 Minuten

Anzahl der Teilnehmer: mind. 8, gerade Anzahl

Hilfsmittel: Flipchart, Stift

Beschreibung

Die TN finden sich paarweise zusammen und interviewen sich gegenseitig jeweils 10 Minuten lang. Beide berichten der Gruppe im Anschluss über die vier interessantesten Erlebnisse, Eigenschaften oder Fähigkeiten des Gesprächspartners und visualisieren diese auf dem Flipchart. Eine Einzelheit ist dabei jedoch vom Präsentierenden frei erfunden. Die ganze Gruppe rät anschließend, welches die erfundene Information ist.

Wirkung

Diese Übung ist besonders empfehlenswert, wenn sich die TN kennen und auch ein bisschen einschätzen können. Es ist für die TN immer wieder überraschend, was andere ihnen zu-trauen oder auch nicht. Beim Erfinden der falschen Informa-tion können sie ihre Kreativität ausleben. Es kommt dabei oft zu lustigen Situationen, was anfängliche Spannungen löst. Dieses Spiel ist auch eine gute Vorbereitung, wenn später das Thema „Selbstbild/Fremdbild" geplant ist.

Ortrud Tornow

Bemerkst du mich?

Zweck: erste Annäherung, Einstieg in das Kommunikationstraining

Dauer: ca. 10 bis 15 Minuten

Anzahl der Teilnehmer: mind. 8, gerade Anzahl

Hilfsmittel: evt. Hintergrundmusik

Beschreibung

Die TN gehen zunächst im Raum herum, ohne Blickkontakt zu den anderen aufzunehmen. Der Trainer bittet die TN nach ca. einer Minute, einen zunächst kurzen Blick auf einen anderen zu riskieren. Danach gilt es, eine längere Zeit den Blick zu halten. Schließlich fordert der Trainer die TN auf, mit Hilfe des Augenkontakts oder durch ein anderes Zeichen, wie z.B. auf die Schulter klopfen, mit einem TN ihrer Wahl ins Gespräch zu kommen.

Wirkung

Die Gruppe lernt mit dieser Übung einen unkomplizierten Einstieg in das Kommunikationstraining. Die anderen TN zunächst mit Blicken einzuschätzen und einen Kontakt aufzubauen, um schließlich ein ungezwungenes Gespräch anzufangen, nimmt vielen die Hemmungen und fördert die Kommunikation gleich von Beginn an.

Ortrud Tornow

Was verbindet uns?

Zweck: Kennenlernen, Zusammengehörigkeitsgefühl stärken

Dauer: ca. 10 bis 15 Minuten

Anzahl der Teilnehmer: unbegrenzt

Hilfsmittel: langes Seil oder Kreide

Beschreibung

In der Mitte des Raumes wird mit Hilfe des Seils oder der Kreide eine Trennlinie gezogen. Der Trainer gibt Kriterien vor, nach denen sich die TN entweder auf der einen oder auf der anderen Seite der Linie aufstellen müssen (z. B. verheiratet/ Single, Raucher/Nichtraucher, Sportler/kein Sportler, Kinder/ keine Kinder, wer ist freiwillig hier/wer musste zum Seminar kommen). Nach einer Weile kann der Trainer die TN bitten, selbst Kriterien zu nennen.

Wirkung

Die TN finden heraus, was sie mit den anderen verbindet bzw. wie sie sich unterscheiden. Da sich während des Spiels aber immer wieder neue „Gleichgesinnte" zusammenfinden, stärkt dieses Spiel letztendlich das Zusammengehörigkeitsgefühl der Gruppe. Jeder TN kann sich ohne Scham öffnen und entscheiden, was er über sich preisgibt. Die Gruppe wird im Laufe des Spiels immer neugieriger und immer kreativer. Bei Fragen wie „Wer schnarcht?", gibt es auch viel zu lachen.

Ortrud Tornow

Partner rufen

Zweck: Namen der TN einprägen

Dauer: ca. 15 bis 20 Minuten

Anzahl der Teilnehmer: mind. 8, unbegrenzt

Hilfsmittel: Flipchart, Stift oder Namenskärtchen für jeden TN

Beschreibung

Die Namen aller TN werden auf ein Flipchart geschrieben oder die Namenskärtchen der TN werden gut sichtbar im Raum platziert. Die TN stellen sich in Kreisformation auf. Zwei nebeneinander stehende Personen bilden jeweils eine Zweiergruppe. Bleibt ein TN übrig, stellt sich dieser in die Mitte des Kreises (falls nicht, übernimmt das der Trainer). Die Partner in den Zweiergruppen stellen sich einander namentlich vor.

Der TN (oder Trainer) in der Mitte ruft einen Namen, der auf dem Flipchart oder auf den Namenskärtchen steht. Der Gerufene muss sich sofort in die Mitte des Kreises aufmachen. Sein Partner muss ihn durch Festhalten daran hindern, dahin zu gelangen. Schafft er es nicht, den Gerufenen rechtzeitig festzuhalten, findet in der Mitte ein Wechsel statt. Derjenige, der vorher im Kreis stand, wechselt zum TN ohne Partner. Der neue TN in der Mitte ruft einen anderen Namen.

Beispiel

 Müller und Schulze sind eine Zweiergruppe. Wenn derjenige in der Mitte dann „Müller" ruft, muss Müller versuchen, schnell in die Mitte zu gelangen; Schulze muss ihn daran hindern.

Wirkung

Dieses Spiel ist eine gute Aktivierungsübung zu Beginn des Seminars, weil es schnelle Reaktionen fordert. Es fördert die Konzentration und die Namen der TN prägen sich mit dieser Übung sehr gut ein.

> Diese Übung ist nicht geeignet für Personen, die in ihrer Bewegung eingeschränkt sind. Haben Sie TN mit solchen Handicaps, sollten Sie auf das Spiel verzichten.

Ortrud Tornow

Hipp Hopp

Zweck: Einprägen der Namen

Dauer: ca. 5 bis 10 Minuten

Anzahl der Teilnehmer: unbegrenzt

Beschreibung

Die TN sitzen oder stehen im Kreis, einer steht in der Mitte. Dieser dreht sich mit ausgestreckter Hand um seine eigene Achse und bleibt dann auf ein Händeklatschen des Trainers stehen. Seine Hand zeigt nun auf eine Person im Kreis. Sagt der Zeigende dabei „Hipp", muss der betreffende TN den Namen seines rechten Nachbarn nennen. Sagt der Zeigende „Hopp", muss er den Namen des linken Nachbarn rufen.

Derjenige, der die Namen genannt hat, geht anschließend in die Mitte. Und weiter geht's, bis alle Namen mindestens einmal genannt wurden.

Wirkung

Dieses Spiel ist eine charmante Auflockerungsübung, die sich gut für zwischendrin am ersten Tag eignet. Mit ihr merken sich die TN die Namen ihrer Kollegen besser und gehen noch bewusster und offener aufeinander zu. Schöne Nebeneffekte: hier ist höchste Konzentration gefragt und Spaß macht es selbstverständlich auch.

Ortrud Tornow

Wer zieht die Fäden?

Zweck: unkonventionelle Kontaktaufnahme

Dauer: ca. 15 bis 20 Minuten

Anzahl der Teilnehmer: mind. 8, gerade Anzahl

Hilfsmittel: für je zwei Personen einen 1 Meter langen, nicht zu dünnen farbigen Faden

Beschreibung

Die TN stellen sich im Kreis auf, der Trainer steht in der Mitte. Der Trainer hält alle Fäden mit einer Hand in der Mitte hoch, so dass die Fadenenden herunterhängen. Dann bittet er alle TN, sich je ein Fadenende zu nehmen. Diejenigen, welche die Enden desselben Fadens erwischt haben, gehören jetzt als Zweiergruppe zusammen. Achtung: Fäden und TN müssen meistens erst „entwirrt" werden.

Variante: Verstärken kann man diese Übung, wenn der Trainer die TN bittet, den Fadenpartner am Schluss des Workshops mit zwei positiven Sätzen im Plenum zu beschreiben.

Wirkung

Die TN lassen sich gerne auf dieses Zufallsprinzip des Kennenlernens ein. So wird ihnen die Entscheidung abgenommen, mit wem sie sich zusammentun sollen.

Ortrud Tornow

Begrüßungsprozession

Zweck: Namen lernen als wertschätzende aktive Verhaltensweise

Dauer: ca. 20 Minuten

Anzahl der Teilnehmer: 10 bis 30

Hilfsmittel: pro Teilnehmer ein Kreppband-Streifen oder selbstklebende kleine Moderationskarten, Stifte

Beschreibung

Jeder TN schreibt seinen Namen auf eine selbstklebende Moderationskarte (oder Kreppband-Streifen) und befestigt diese vorne an seinem Oberkörper. Dann bilden alle einen Stehkreis, mit dem Gesicht zur Mitte. Der Trainer stellt sich in den Kreis vor einen TN und begrüßt ihn mit Namen. Dieser grüßt zurück und nennt erwidernd den Namen des Trainers. Der Trainer geht nun im Uhrzeigersinn zum nächsten Nachbarn im Kreis und begrüßt diesen. Der zuerst Begrüßte folgt dem Trainer und begrüßt diesen ebenfalls. Die jeweils Begrüßten folgen so nach und nach dem Trainer, der reihum alle TN willkommen heißt.

Es kann auch noch eine weitere Runde durchgeführt werden mit der Variante, dass dieses Mal die Namensschilder verdeckt oder abgenommen werden, um das Gedächtnis stärker zu aktivieren.

Wirkung

Dies ist eine sehr aktive und kurzweilige Übung zum Start einer Veranstaltung. Sie ist gerade für offene Trainings- und Seminarveranstaltungen sehr gut geeignet, da sich die meisten TN noch fremd sind. Die Namen prägen sich mit ihr besser ein und ermöglichen später eine schnellere Kontaktaufnahme.

Ortrud Tornow

Vorstellung in Streichholzlänge

Zweck: sich selbst in kurzer Zeit präsentieren

Dauer: ca. 30 Sekunden pro TN

Anzahl der Teilnehmer: unbegrenzt

Hilfsmittel: eine normal große, gefüllte Streichholzschachtel, feuerfester Tisch oder Behälter bzw. Steinboden

Beschreibung

Die TN bilden einen Sitzkreis und die Schachtel Streichhölzer geht reihum. Wer die Schachtel hat, entzündet ein Streichholz und stellt sich der Gruppe vor. Die Vorstellung darf nur so lange andauern, wie das Streichholz brennt. Ist es abgebrannt, wird die Schachtel und damit das Wort an den Sitznachbarn weitergegeben. Besondere Vorsicht ist angesagt: Achten Sie darauf, dass nichts in der Nähe liegt, was leicht Feuer fangen kann, und haben Sie etwas „ungeschicktere" TN gut im Blick.

Wirkung

Dieses Spiel bringt Stimmung in die Gruppe. Es sollte eingesetzt werden, wenn zunächst eine Kurzvorstellung der TN ausreicht und sie sich später noch näher kennenlernen können. Die Übung schult die Rhetorik, da sie dazu zwingt, Wichtiges auf den Punkt zu bringen. Schöner Nebeneffekt: Vielredner müssen sich kurz fassen.

Ortrud Tornow

Wer bin ich?

Zweck: Vorstellen mit ganz persönlicher Note

Dauer: 15 bis 30 Minuten

Anzahl der Teilnehmer: beliebig

Vorbereitung: 3 DIN-A3-Blätter (bei größeren Gruppen größere Blätter) folgendermaßen beschriften:

- Blatt 1: „Mein Name ist ... / Meine Gedanken vor dem Seminar waren ..."
- Blatt 2: „Warum ich hier bin: ... / Meine Erwartungen an mich/den Trainer/die Gruppe: ..."
- Blatt 3: „Was mich besonders auszeichnet: Ich bin der Einzige hier, der ..."

Beschreibung

Die TN sitzen auf Stühlen im Kreis (ohne Tische). Der Trainer legt die drei vorbereiteten DIN-A3-Blätter in einem gewissen Abstand voneinander vor der Gruppe auf den Boden. Die Blätter wirken quasi als Anker. Zusätzlich verhindern sie, dass die TN sich ständig zum Flipchart umdrehen müssen, um die Impulse zu lesen. Der Trainer erklärt den TN kurz den Ablauf und fordert sie auf zu widersprechen, falls sie einem Statement eines anderen TN zu Blatt 3 zu zustimmen können (falls sie die Eigenschaft / Fähigkeit also auch besitzen).

Das Spiel beginnt: Nacheinander treten die TN nun nach vorne. Der erste TN geht zunächst zu Blatt 1, stellt sich kurz vor und erzählt den anderen von seinen Gedanken zum Seminar. Danach tritt er zu Blatt 2 und gibt ein Statement zu seinen Erwartungen an die Beteiligten und an sich selbst. Dann muss der Satz auf Blatt 3 ergänzt werden, etwa: „Ich bin der Einzige hier, der Chinesisch spricht!" Ein weiterer TN meldet sich möglicherweise und erklärt, dass er auch Chinesisch sprechen kann. Also neuer Versuch: „Ich bin der Einzige hier, der vier Kinder hat!" Wenn niemand widerspricht, darf der TN sich setzen, und ein anderer kommt an die Reihe, um die drei vor der Gruppe liegenden Blätter abzulaufen.

Wirkung

Beim ersten Zusammenkommen von Gruppen ist dies eine interessante Abwechslung zu den sonst üblichen Vorstellungsrunden. Zudem ist die Übung zeitlich limitiert, bleibt aber dennoch sehr aussagekräftig. Alle erfahren eine Menge voneinander und der Seminarleiter kann die Gruppe besser einschätzen. Durch die besondere Information der dritten Station ergeben sich schnell Kontakte in der ersten Kaffeepause oder nach dem Seminar.

Schöner Nebeneffekt: Jeder (wirklich jeder) TN erfährt, dass er auf irgendeine Weise außergewöhnlich ist.

Marcus Koch

Offenes Buch

Zweck: Gemeinsamkeiten entdecken, Small-Talk-Anlässe schaffen

Dauer: 15 bis 30 Minuten

Anzahl der Teilnehmer: mind. 6

Hilfsmittel: pro TN DIN-A4-Zettel, Stift, Kreppband

Beschreibung

Alle TN erhalten ein leeres DIN-A4-Blatt und einen Stift. Der Trainer gibt nun mündlich Instruktionen wie: Ihr Lieblingsfach in der Schule, drei für Sie typische Eigenschaften, Ihr schönster Urlaubsort, Ihr Leibgericht usw. – die Fragen sind für alle gleich.

Die TN schreiben die jeweiligen Antworten irgendwo verstreut kreuz und quer auf ihr Blatt, so dass sie nicht auf Anhieb zuzuordnen sind. Das Blatt heften sie sich anschließend mit Kreppband auf die Brust oder an die Schulter. Jeder TN geht nun auf „Wanderschaft", um die Informationen auf den Blättern der Kollegen zu lesen. Sobald er eine für ihn interessante Mitteilung entdeckt hat, kommt er mit dem Betreffenden zwanglos ins Gespräch und versucht, noch mehr zu diesem Punkt herauszufinden. Je nach Zeitvorgabe haben die TN Gelegenheit, mit mehreren Personen in Kontakt zu treten und sich auszutauschen.

Wirkung

Diese Übung bringt die TN auf sehr angenehme Weise miteinander ins Gespräch. Da viele der vom Trainer vorgegebenen Punkte emotional verankert sind (z.B. schönstes Urlaubsziel), ist die Bereitschaft, sich anderen mitzuteilen, außergewöhnlich hoch.

Oft entdecken die TN Gemeinsamkeiten, die z.B. in den Pausen weiterdiskutiert werden. Im Gegensatz zu allgemeinen Small-Talk-Situationen müssen die Beteiligten hier nicht eigene Themen finden, sondern entdecken diese beiläufig auf den Zetteln ihrer Mitstreiter.

Marcus Koch

Statistik I

Zweck: Namen einprägen

Dauer: ca. 15 Minuten

Anzahl der Teilnehmer: mind. 6

Beschreibung

Die TN stehen je nach Personenzahl und Größe des Raumes in einer Reihe oder in zwei Linien nebeneinander. Der Trainer gibt nun Sortierkriterien vor, nach denen sich die Beteiligten aufstellen sollen. So können sich die TN z. B. nach ihrer Körpergröße, nach der Reihenfolge ihres Geburtsmonats oder Geburtstages, nach ihrer Hausnummer, der Anzahl der Geschwister usw. auf- oder absteigend ordnen. Darüber müssen sich die TN natürlich zunächst austauschen und so lange die Plätze tauschen bis die Reihenfolge stimmt. Anschließend stellt sich jeder der Reihe nach mit seinem Namen vor.

Wirkung

Dieses Kennlernspiel eignet sich gut, um sich Namen einzuprägen, da diese von den anderen TN mit einer weiteren Information, nämlich einer Zahl (Größe, Hausnummer), in Verbindung gebracht werden. Außerdem bringt es gleich zu Beginn Bewegung in die Gruppe.

Erich Ziegler

Statistik II

Zweck: Kennenlernen mit Bezug zum Seminar/Workshop

Dauer: ca. 15 Minuten

Anzahl der Teilnehmer: unbegrenzt

Beschreibung

Der Trainer stellt Fragen an die TN, die locker im Raum verteilt stehen oder in einer Runde sitzen, und ordnet den Antworten bestimmte Bereiche des Seminarraums zu. Die Fragen können sich auf persönliche Eigenschaften oder Erfahrungen der TN beziehen – etwa: „Alle, die heute einen Anfahrtsweg von mehr als einer Stunde hatten, bitte in diese Ecke stellen." Oder sie können einen Bezug zum Seminar- oder Workshop-Thema aufweisen: „Alle, die im Bereich Neukundengewinnung Erfahrung haben, bitte dort aufstellen." Oder: „Alle, die sich zum ersten Mal mit dem Betriebsverfassungsgesetz beschäftigen, bitte da rüber gehen." Die jeweiligen TN gehen nun in die bezeichnete Ecke.

Wirkung

Sowohl der Trainer als auch die TN erhalten Aufschluss über die Zusammensetzung der Gruppe. Erste Gespräche entwickeln sich in dem Moment, wo Gleichgesinnte zusammenstehen, und natürlich im Anschluss, z. B. in den Pausen.

Susanne Beermann

Ich erinnere mich

Zweck: Persönliches erzählen, den anderen TN positiv gegen-
übertreten

Dauer: ca. 15 Minuten

Anzahl der Teilnehmer: unbegrenzt

Hilfsmittel: Postkarten mit Bildmotiven, etwa Kunstwerke,
Gebäude, Städte, Tiere (mehr Postkarten als TN), weicher Ball

Beschreibung

Die TN sitzen im Kreis. In der Mitte auf dem Boden liegen die
Postkarten. Jeder nimmt sich eine Karte, die ihn an ein
schönes – möglichst positives – Erlebnis erinnert. Der Trainer
wirft einem TN den Ball zu. Dieser erzählt nun seine Erfolgs-
geschichte. Anschließend wirft er einem anderen den Ball zu
und sagt: „Sie (falls bekannt, gleich mit Namen) erinnern mich
an XY (eine Freundin, einen Kollegen), die auch so ein nettes
Lächeln hat (hier eine beliebige positive Eigenschaft nennen)."
Dann berichtet der Angesprochene über sein Erfolgserlebnis.

Wirkung

Die TN erzählen etwas von sich – meist auch noch von einem
Erlebnis, das ihr Selbstwertgefühl gestärkt hat. Und sie machen einem anderen ein Kompliment. Beides hebt die Stimmung und schafft eine gute Atmosphäre.

Susanne Beermann

Wissenstest

Zweck: Aufmerksamkeit erhöhen, Bewusstsein schaffen für Überraschungen

Dauer: 2 Minuten

Anzahl der Teilnehmer: 10 bis 15

Vorbereitung: Einen Wissenstest erstellen. Dieser könnte folgendermaßen aussehen:

Datum:

Bitte beantworten Sie folgende Fragen. Sie haben insgesamt zwei Minuten Zeit.

1   Was erfand Thomas A. Edison? _____

2   Wie hieß der erste Bundeskanzler der Bundesrepublik Deutschland?

3   Welches ist der 5. Kontinent der Erde?

4   Vervollständigen Sie die Zahlenreihe: 1 – 3 – 5 – 7

5   Wie heißt der höchste Berg der Anden?

6   Wie viele Bundesländer hat die Bundesrepublik Deutschland?

7   Wann wurde Australien entdeckt?

8   Wie viel mg Kalium sind in 1 kg Kartoffeln enthalten?

9   Welches wichtige Ereignis geschah 1955?

10 Füllen Sie nur das heutige Datum oben links aus. Alles andere können Sie sich sparen. Genießen Sie noch zwei Minuten Ruhe.

Sie können natürlich auch andere Fragen stellen. Der Fantasie sind keine Grenzen gesetzt. Je schwieriger und ausgefallener, desto besser. Einzig und allein Frage 10 muss enthalten sein!

Beschreibung

Der Seminarleiter gibt jedem TN eine Kopie des Wissenstests und bittet ihn, den Bogen in zwei Minuten auszufüllen, ohne dabei mit den anderen Gruppenmitgliedern zu sprechen. Wer fertig ist, dreht das Blatt um. Wer den Test kennt, wird gebeten, das Blatt sofort umzudrehen.

Wirkung

Diese Übung dient einzig und allein dem Aha-Effekt. Die Kursteilnehmer werden vorsichtig: Sie hören genau hin, beobachten genauer, sehen konzentrierter zu, denn sie möchten ja sofort erkennen, wenn möglicherweise wieder eine derartige „Test"-Frage gestellt wird. Die gesteigerte Aufmerksamkeit ist Ihnen sicher. Meine Erfahrungen mit diesem „Test" waren bis dato durchweg positiv. Die TN konnten oft herzhaft über sich selbst lachen, wenn sie bis zum Ende angestrengt über die richtige Antwort nachdachten, während andere schon lange am Ende angekommen waren, die nötigen Einträge gemacht und den Bleistift beiseitegelegt hatten.

Monika Schubach

Wer zu spät kommt ...

Zweck: Integration von zu spät kommenden TN

Dauer: ca. 5 bis 8 Minuten

Anzahl der Teilnehmer: beliebig

Beschreibung

Zu spät zu einer Veranstaltung zu kommen, das ist wohl für jeden ein bisschen peinlich. Um einem Zu-spät-Kommer die Integration in die Gruppe so einfach wie möglich zu machen, hilft folgende Übung:

Die Sitzordnung ist egal. Die anwesenden TN stellen Vermutungen über die Person des nachträglich Eintretenden an, z.B.: „Sie haben sicher einen technischen Beruf?", „Sind Sie viel auf Reisen?", „Sie sehen so aus, als wenn Sie sehr viel Verantwortung tragen müssen" usw. Der Zu-spät-Kommer hört sich die Fragen an und kann sofort Rückmeldung geben, was stimmt und was nicht. So wird er in den Kreis integriert, ohne dies recht zu merken.

Wirkung

Der Zu-spät-Kommende kann auf diese Weise einfach und spielerisch in die Gruppe aufgenommen werden.

Claudia Harrasser

Teambildung

Sie kennen das sicher: Drei Ihrer Teilnehmer kommen aus dem gleichen Unternehmen. Was passiert, wenn Sie zur „Gruppen-findung" aufrufen? Ganz klar, diese drei wollen meist eine Gruppe bilden. Um jedoch Teams und keine Grüppchen zu erhalten, ist eine willkürliche Mischung der Beteiligten besser. Nur so kann ein guter Mix aus unterschiedlichen Charakteren und Ideen entstehen. Im Folgenden finden Sie viele Möglich-keiten der Teambildung – per Zufall, inhaltlich mit Bezug zum Seminar oder über andere Gemeinsamkeiten als die Firma.

Sprichwörter

Zweck: zufällige, paarweise Teambildung, mit dem Schwerpunkt „ins Gespräch kommen"

Dauer: ca. 10 Minuten

Anzahl der Teilnehmer: beliebig, gerade Anzahl

Vorbereitung: Weisheiten, Aussagen von Philosophen, Bibelzitate usw. suchen, Kärtchen damit beschriften und zwar so, dass die eine Hälfte des Satzes auf der oberen Hälfte der Karte steht, die andere auf der unteren Hälfte, z.B.: „Der Apfel fällt – nicht weit vom Stamm". Die Kärtchen in der Mitte auseinanderschneiden; Hut oder Kiste.

Beschreibung

Der Seminarleiter lässt die TN je ein Kärtchen aus dem Hut oder der Kiste ziehen. Aufgabe der einzelnen TN ist es nun, die andere Hälfte ihres Sprichworts und damit einen Partner zu finden. Hierzu müssen alle mit allen kommunizieren.

Wirkung

Alle TN kommen miteinander ins Gespräch. Zusätzlich kann jeder sein Allgemeinwissen testen und Neues hinzulernen. So entstehen bisweilen interessante Gespräche, vielleicht gar philosophische Diskussionen, und die Kursteilnehmer entdecken viele Gemeinsamkeiten.

Susanne Beermann

Dosen schütteln

Zweck: zufällige, paarweise Teambildung, erhöht die Konzentration und die auditive Wahrnehmung, macht Spaß

Dauer: ca. 10 Minuten

Anzahl der Teilnehmer: gerade Anzahl

Vorbereitung: kleine Dosen, z.B. Filmdosen, gefüllt mit unterschiedlichen Materialien, etwa mit Wasser, Sand, Kies, Erbsen, Mehl, Federn usw. Von jeder Sorte gibt es zwei Dosen; Hut oder Kiste.

Beschreibung

Der Seminarleiter lässt die TN je eine Filmdose ziehen. Aufgabe der TN ist es, seinen Partner über das Schütteln der Dose zu finden: Alle laufen im Raum herum und schütteln dabei ihre Dosen. Jeder muss nun genau hinhören, in welcher Dose sich vermutlich der gleiche Inhalt wie in seiner eigenen befindet – das ist dann sein Partner für die Arbeitsgruppe.

Wirkung

Diese Art der Paarbildung schult die auditive Wahrnehmung, ein Effekt, der vielleicht bei späteren Aufgaben sinnvoll sein kann. Das Spiel macht außerdem viel Spaß.

Susanne Beermann

Spielsteine

Zweck: zufällige Teambildung (zwei bis fünf TN), geht sehr schnell

Dauer: ca. 5 Minuten

Anzahl der Teilnehmer: beliebig

Hilfsmittel: farbige Spielsteine (Kegel, z. B. aus dem Mensch-ärger-dich-nicht-Spiel) oder farbige Spielzeugautos, Hut oder Kiste.

Beschreibung

Jeder TN zieht einen farbigen Spielstein (oder ein Spielzeugauto). Nun müssen sich die TN zu einer Gruppe zusammenfinden, deren Spielstein dieselbe Farbe hat. So entstehen Gruppen mit den Namen „Rot", „Blau", „Grün" usw.

Wirkung

Die verschiedenen Farben sprechen die visuelle Wahrnehmung an und wirken lebendig. Diese Methode zur Teambildung können Sie bei allen Seminaren einsetzen, bei denen sich Kleingruppen mit zwei bis fünf TN durch Zufall zusammenfinden sollen.

Susanne Beermann

Bonbons

Zweck: zufällige Teambildung (größere Gruppen), geht sehr schnell

Dauer: ca. 5 Minuten

Anzahl der Teilnehmer: beliebig

Hilfsmittel: Süßigkeiten, z.B. verschiedene Schokoriegel, Bonbons oder Kekse, evt. Korb

Beschreibung

Der Trainer verteilt vor Beginn der Seminarsitzung verschiedene Schokoriegel, Bonbons und Kekse bunt gemischt auf den Plätzen. Alternativ dazu kann er die TN am Anfang diese Süßigkeiten auch aus einem Korb ziehen lassen. Aufgabe der TN ist es nun, sich entsprechend der Süßigkeiten zu Teams zusammenzufinden. So gibt es dann z.B. die Gruppe „Schokoriegel", „Bonbons" oder „Pfefferminzbonbons".

Wirkung

Die TN freuen sich über die süße Überraschung und gehen bereitwilliger eine Gruppenbildung ein, als wenn diese einfach willkürlich bestimmt wird.

Susanne Beermann

Familienfindung

Zweck: zufällige Bildung von größeren Teams, mit den Nebeneffekten Kontakt, Spaß und Bewegung

Dauer: ca. 5 Minuten

Anzahl der Teilnehmer: je mehr, desto besser

Vorbereitung: kleine Namenskärtchen erstellen, die sowohl ein Familienmitglied bezeichnen (z. B. Vater, Mutter, Sohn, Tochter, Oma usw.) als auch den dazugehörigen Familiennamen enthalten. Die Namen klingen alle sehr ähnlich (z. B. Meyer, Geyer, Reier, Saier). Es heißt dann also z. B. „Oma Meyer" oder „Vater Geyer". Mit Hilfe eines Etikettenprogramms oder MS Word lassen sich die Kärtchen schnell und sauber anfertigen.

Beschreibung

In einem Hut oder einer Kiste werden Kärtchen bereitgestellt, Jeder TN zieht ein Kärtchen, das er niemandem zeigen darf. Die TN verteilen sich großzügig im Raum, und auf das Kommando des Trainers hin rufen alle laut ihre Familiennamen und versuchen, schnellstmöglich die anderen Familienmitglieder zu finden.

Der Witz bei dieser Übung ist, dass alle Familiennamen sehr ähnlich sind und im Getöse der Übung nicht gleich erkannt werden können. Wenn sich die Familien gefunden haben, bilden sie ein neues Team für den nächsten Arbeitsauftrag des Seminars oder Workshops.

Variante: Um die Familienfindung weniger geräuschvoll zu gestalten, dürfen die Kärtchen gezeigt werden.

Wirkung

Dadurch, dass sich die Teammitglieder der neuen Arbeitsgruppe quasi zufällig finden und das Ganze recht fröhlich abläuft, ist das Gruppengefühl für die anstehende Zusammenarbeit entsprechend gut. Der Überraschungsmoment („Ups, die Namen sind fast gleich!") wird stets mit viel Gelächter begleitet, was die Stimmung hebt. Durch das schnelle Herumlaufen im Raum kommt es außerdem zu einem deutlichen Energieschub, der sich für die folgende Arbeit kreativ nutzen lässt.

Marcus Koch

Puzzle

Zweck: zufällige Teambildung (größere Gruppen), mit dem Schwerpunkt „Herstellung eines Gruppengefühls"

Dauer: ca. 10 Minuten

Anzahl der Teilnehmer: beliebig

Vorbereitung: Postkarten mit Bildmotiven in mehrere, etwa gleich große Teile schneiden (so viele Karten wie Gruppen vorgesehen; so viele Teile wie Gruppenmitglieder, z. B. vier Teile bei Vierergruppen), Hut

Beschreibung

Der Kursleiter legt die Puzzleteile in einen Hut. Jeder TN zieht ein Teil und versucht, die Personen zu finden, die zu seinem Stück passen. Haben sich die zusammengehörenden Personen gefunden, fügen sie ihre Bruchstücke zu einem kompletten Bild zusammen und arbeiten anschließend als Team.

Wirkung

Da die TN nicht wissen, wer die Teile hat, die zu ihrem Stück passen, muss jeder mit jedem kommunizieren. Des Weiteren lösen die Gruppen durch Zusammenlegen der Teile die erste gemeinsame Aufgabe – in Teamarbeit! Dabei wird auch die visuelle Wahrnehmung geschult. Jede Gruppe, die sich gefunden hat, kann dann z. B. ihren Gruppennamen aus ihrem Bildmotiv ableiten.

Susanne Beermann

Filmteams

Zweck: Teambildung (größere Gruppen) über Gespräche, Entdeckung von Gemeinsamkeiten

Dauer: ca. 10 Minuten

Anzahl der Teilnehmer: beliebig

Vorbereitung: kleine Karten mit Informationen zu Kinofilmen gestalten; so viele Filme, wie Gruppen entstehen sollen; pro Film entspricht die Kärtchenanzahl der Teamgröße, z.B. bei insgesamt 15 Teilnehmern und 3 Teams: 3 Filme à 5 Kärtchen. Die Karten, die zu einem Film gehören, enthalten z.B.

- auf der ersten Karte Informationen über Schauspieler des Films (am besten ein Foto aus einer Illustrierten),
- auf der zweiten das Thema,
- auf der dritten eine kurze Beschreibung der Handlung,
- auf der vierten das Land,
- auf der fünften den Regisseur.

Wichtig: Doppelungen vermeiden, z.B. Schauspieler, die in mehreren verwendeten Filmen mitspielen.

Beschreibung

Jeder TN zieht eine Karte. Dann finden sich die „Filmteams" zusammen, indem sich die TN gegenseitig ihre Karten zeigen und überlegen, ob sie zusammengehören.

Wirkung

Jeder muss mit jedem sprechen. Dabei ergeben sich interessante Gespräche, z.B. beim Austausch von Erinnerungen an einen Film.

Susanne Beermann

Anarchie

Zweck: Bedeutung von klaren Teamregeln kennenlernen

Dauer: ca. 30 Minuten

Anzahl der Teilnehmer: unbegrenzt

Hilfsmittel: pro TN ein Luftballon

Beschreibung

Die TN stellen sich in einem großen Kreis auf. Der Trainer legt pro TN einen Luftballon in den Kreis und verkündet: „Wenn ich einmal klatsche, nimmt sich jeder einen Luftballon und stellt sich wieder an seinen Platz im Kreis. Wenn ich zweimal klatsche, lässt jeder seinen Luftballon fallen." Nach jeder Runde nimmt der Trainer einen Luftballon aus dem Kreis. Der Trainer reagiert das ganze Spiel über nicht auf Fragen von TN.

Nach 10 Minuten bricht der Trainer das Spiel ab und leitet die Diskussion zum Spiel mit folgenden Fragen an:

- Wie haben sich die TN während des Spiels gefühlt?
- Was hat ihnen gefehlt?
- Was war wohl der Zweck des Spiels?
- Wie war der Gruppenzusammenhalt während des Spiels?

Wirkung

Das Spannende an diesem Spiel ist, dass der Trainer absolut keine Regeln aufstellt, wie sich die TN verhalten sollen. Die TN durchlaufen, je nach Persönlichkeit, daher unterschiedliche

Phasen: Frust, Verunsicherung, Aggression etc. Schön erkennbar wird anhand der Übung auch die Gruppendynamik in
bereits bestehenden Teams. Vor allem aber dient die Übung
dazu, den TN die Bedeutung von klar vereinbarten Regeln und
Zielen in einem Team zu verdeutlichen.

Ortrud Tornow

Die gemeinsame Rede

Zweck: als Team zusammenwachsen

Dauer: ca. 15 Minuten

Anzahl der Teilnehmer: unbegrenzt

Hilfsmittel: pro TN eine Kopie des vorbereiteten Textes

Vorbereitung: auf einem Blatt Papier wird ein Text beliebigen Inhalts aufgeschrieben; er sollte genau so viele Wörter enthalten, wie es TN gibt

Beschreibung

Der Trainer händigt den TN die Kopien aus. Alle TN stellen sich verstreut im Raum auf. Jeder in der Gruppe soll ein Wort des Textes vorlesen. Wer welches Wort liest, wird jedoch nicht bestimmt und darf auch nicht während des Spiels besprochen werden. Die TN dürfen sich nur nonverbal mit Sichtkontakt über die Reihenfolge verständigen. Gesten sind nicht erlaubt. Wenn gleichzeitig mehrere TN dasselbe Wort aussprechen, muss die Gruppe mit dem Satz wieder von vorne anfangen.

Wirkung

Dieses Spiel hat es in sich, auch wenn es sich leicht anhört. Die TN müssen einen gemeinsamen Rhythmus finden, damit sie sich nicht gegenseitig ins Wort fallen. Das Spiel fördert die nonverbale Kommunikation und die Kooperation in Teams.

Ortrud Tornow

Hältst du mich, halt ich dich

Zweck: Vertrauen fassen

Dauer: ca. 10 Minuten

Anzahl der Teilnehmer: unbegrenzt

Beschreibung

Die TN stehen in einem Kreis. Der Trainer fordert sie auf, sich
ganz fest an den Händen zu halten. Er geht den Kreis ab und
weist den TN abwechselnd die Ziffern 1, 2, 1, 2 ... zu. Auf sein
Klatschen hin sollen sich die TN mit der Zahl 1 nach vorne, die
TN mit der Ziffer 2 nach hinten kippen lassen. Die Füße
bleiben dabei fest auf dem Boden stehen. Beim nächsten
Klatschen kippen die TN umgekehrt: die Ziffern 1 nach hinten,
die Zahlen 2 nach vorne. Das Spiel wird ein paarmal wiederholt, bis die Kippbewegungen immer stärker ausfallen.

Wirkung

Am Anfang dieser Übung ist oft zu beobachten, dass sich die
TN nur ein wenig nach vorne oder hinten neigen. Nach
mehreren Durchgängen haben die TN jedoch so viel Vertrauen
gefasst, dass sie immer weiter nach vorne und hinten kippen.
Diese Übung kann damit zur Teambildung beitragen.

Ortrud Tornow

Die dunkle Bedrohung

Zweck: Vertrauen aufbauen

Dauer: ca. 20 Minuten

Anzahl der Teilnehmer: maximal 10

Hilfsmittel: eine Augenbinde, 10 Gegenstände für einen Hindernisparcours, z. B. Taschen, Schuhe, Stühle, Flipchart-Tafel, eine Stoppuhr

Beschreibung

Die TN finden sich zu Paaren zusammen. Einer der Partner wird jeweils vor die Tür gebeten. Während er dort wartet, legen die im Raum verbliebenen TN mit verschiedenen Gegenständen einen Hindernisparcours, der einen Anfangs- und einen Zielpunkt hat.

Wenn dieser fertig ist, wird der erste TN von draußen hereingerufen. Ihm werden die Augen verbunden. Sein Partner muss ihn nun sicher durch die Hindernisse geleiten. Das darf er jedoch nur mit Worten und nicht, indem er seinen Partner führt. Der Trainer stoppt die Zeit, die das Zweierteam für diese Aufgabe benötigt. Wenn ein TN gegen ein Hindernis stößt, scheidet das Paar aus dem Spiel aus. Gewinner sind die beiden Partner, die die Aufgabe in der kürzesten Zeit bewältigt haben.

Wirkung

Das Spiel zeigt sehr gut, wie wichtig eine gute Kommunikation ist, um eine Aufgabe mit Erfolg zu meistern und dem anderen vertrauen zu können. Ganz nebenbei aktiviert es die TN, die bei diesem Spiel meist viel Ehrgeiz entwickeln.

Ortrud Tornow

Decke wenden

Zweck: gemeinsam Aufgaben lösen

Dauer: ca. 10 Minuten

Anzahl der Teilnehmer: 6 bis 12

Hilfsmittel: eine Decke oder feste Plane (ca. 180 cm × 200 cm)

Beschreibung

Die Decke oder Plane wird vollständig auf dem Boden ausgebreitet. Alle Hindernisse im Umkreis der Decke, z.B. Stühle und Tische, werden zur Seite geräumt. Alle TN stellen sich auf die Decke und müssen versuchen diese zu wenden. Dabei darf kein TN den Boden außerhalb der Decke betreten oder anfassen. Geschieht das, wird der Versuch abgebrochen und das Spiel muss neu begonnen werden.

Wirkung

Die Übung startet meist sehr chaotisch. Mit der Zeit ordnen sich die TN jedoch und entwickeln gemeinsam Lösungsstrategien. Sie erfahren, dass sie nur zum Erfolg kommen, wenn sie alle zusammenarbeiten und Nähe zulassen.

Ortrud Tornow

Standpunkte

Zweck: Gruppen- oder Meinungsfindung

Dauer: ca. 10 Minuten

Anzahl der Teilnehmer: unbegrenzt

Hilfsmittel: Flipchart, Stifte

Beschreibung

Der Trainer teilt den Raum nach bestimmten Themen des Workshops auf, in dem er auf Flipchart z.B. notiert:

- Innenwand = Thema 1
- Fensterfront = Thema 2
- Türbereich = Thema 3

Danach bittet er alle TN, sich ein Thema auszusuchen und sich entsprechend im Raum zu verteilen.

Wirkung

Diese Übung ist eine sehr transparente Variante für Gruppenbildung nach inhaltlichen Kriterien. Meine Erfahrungen zeigen, dass die TN nach dieser Übung im späteren Themenprozess intensiver ihren so gewählten „Standpunkt" vertreten und sich besser einbringen. Das gleiche Prinzip kann angewendet werden, wenn Meinungen zur Auswahl stehen und Meinungsbildung gefragt ist.

Ortrud Tornow

Gemeinsam auf eine einsame Insel

Zweck: Aufgabenlösung im Team fördern

Dauer: ca. 30 Minuten

Anzahl der Teilnehmer: 8 bis 20 Teilnehmer

Hilfsmittel: pro Gruppe 5 Moderationskarten, Stifte

Beschreibung

Die TN werden in gleich starke Gruppen mit mindestens 4 TN eingeteilt. Der Trainer erzählt folgende Geschichte: „Stellen Sie sich vor, Sie werden beruflich auf eine einsame Insel geschickt, um dort eine Infrastruktur vorzubereiten. Auf der Insel ist außer ein paar Palmen und Trinkwasser nichts. Sie ist menschenleer. Welche Gegenstände nehmen Sie mit? Es dürfen pro Team nur 5 Dinge sein. Sie haben 30 Minuten Zeit, sich zu einigen und die Gegenstände auf die Karten zu schreiben."

Wirkung

Die TN lernen bei diesem Spiel die anderen Teammitglieder, deren Arbeitsweisen und vor allem deren Prioritäten besser kennen. Die gemeinsame Aufgabe fördert die Zusammenarbeit im Team.

Ortrud Tornow

Kommunikation

Nahezu 80 % unseres täglichen Lebens kommunizieren wir. Wir reden, gestikulieren, lassen unsere Mimik sprechen, wir senden E-Mails und führen Telefonate. Die folgenden Spiele sensibilisieren Menschen für ihre Kommunikationsmuster und deren Wirkung auf andere. Die Teilnehmer reflektieren, erkennen und erleben in ihnen, welche Muster zielführend sind – und welche nicht.

Nein! Doch! Nein! Doch!

Zweck: Wirkung von Appellen erfahren, Frust raus lassen

Dauer: ca. 5 Minuten

Anzahl der Teilnehmer: unbegrenzt

Beschreibung

Die TN bilden zwei möglichst gleich große Gruppen, die sich gegenüberstehen oder -sitzen. Die TN der einen Gruppe sagen gemeinsam: „Sie stehen sofort auf!" Die TN der anderen Gruppe erwidern geschlossen: „Das tun wir nicht!" Worauf die ersten wieder sagen: „Sie stehen sofort auf!" Da die andere Gruppe das persönliche Anliegen offenbar nicht versteht, werden beide Gruppen nach und nach lauter und versuchen sich gegenseitig an Lautstärke zu übertreffen.

Der Trainer bricht irgendwann diese Kommunikation ab, spätestens, wenn alle Teilnehmer heiser sind.

Die Aufforderungen und Ablehnungen, die sich die Gruppen gegenseitig an den Kopf werfen, können je nach Situation oder Inhalt des Workshops variiert werden: „Es ist stickig. Machen Sie das Fenster auf!" – „Machen wir nicht!" oder „Schreiben Sie sofort die Kommunikationsmodelle an das Whiteboard!" – „Schreiben Sie doch selber!" usw.

Wirkung

Dieses Spiel ist eine gute Übung, um die Wirkung von Appellen und ihre Auswirkungen auf andere zu demonstrieren. Die

TN erfahren, dass Kommunikation á la Angriff und Verteidigung selten zielführend ist. Zudem lernen die TN, wie laut ihre Stimme sein kann, was insbesondere hilfreich in Rhetorik-Seminaren ist.

Es kann sehr laut werden. Je nach Lage der Seminarräume sollten Sie daher vorher abklären, ob das für Nachbarn in Ordnung ist.

Ortrud Tornow

Flüsterpost mit Bild

Zweck: Sensibilisierung für wirkungsvolle, zielgerichtete Kommunikation, Kommunikationsprozesse verständlich gestalten, Denkmuster von anderen beachten

Dauer: ca. 15 bis 30 Minuten

Anzahl der Teilnehmer: unbegrenzt

Hilfsmittel: Bild oder Foto mit vielen unterschiedlichen Motiven, Flipchart mit Blättern, Flipchart-Stifte in unterschiedlichen Farben, evt. Videokamera

Beschreibung

Wenn Videoaufnahmen geplant sind, dann sollte der Trainer den TN vorab bekannt geben, dass Sequenzen der Übung gefilmt werden.

Es wird zunächst ein Freiwilliger ausgewählt. Alle anderen TN gehen aus dem Raum. Dem Freiwilligen wird das Bild oder Foto gezeigt. Er hat eine Minute Zeit, sich das Ganze einzuprägen, danach wird die Abbildung verdeckt. Anschließend wird der erste der TN, die vor der Tür stehen, in den Raum gerufen. Der Freiwillige beschreibt diesem nun den Inhalt des Bildes aus seinem Gedächtnis. Es darf nur zugehört werden, Fragen sind nicht erlaubt. Derjenige, der zugehört hat, wird nun zum Übermittler. Er muss dem nächsten Kollegen von draußen das Gehörte weitergeben. Der nächste kommt rein, hört zu und gibt es einem weiteren Kollegen weiter usw.

Sobald der Trainer das Gefühl hat, dass in den Beschreibungen von dem Ursprungsbild nicht mehr viel übrig geblieben ist (in der Regel nach 3 bis 4 Durchgängen), lässt er es vom zuletzt Anwesenden auf Flipchart zeichnen. Das Flipchart-Bild wird abgenommen.

Jetzt startet alles von Neuem: Das Bild wird dem nächsten TN von draußen gezeigt, dieser beschreibt es seinem Kollegen, bis der Trainer die Weitergabe erneut stoppt und den letzten TN bittet, das in seinem Kopf befindliche Bild auf Flipchart-Papier aufzuzeichnen.

Um später die Ergebnisse vergleichen zu können, empfiehlt es sich, drei bis vier Flipchart-Zeichnungen zu haben.

Wirkung

Es ist interessant zu sehen, dass alle Flipchart-Ergebnisse in der Regel völlig unterschiedlich sind. Anhand der gemeinsamen Analyse der Bilder können die TN die Grundregeln gezielter und wirkungsvoller Informationsweitergabe erarbeiten. Wenn das Spiel als Video aufgezeichnet wird, bringt es noch zusätzliche individuelle und wertvolle Erkenntnisse über Körpersprache, Blickkontakt und die Art und Weise der Übermittlung von Daten und Fakten.

Ortrud Tornow

Tabuwörter

Zweck: Sensibilisierung für sprachlich ineffektive Gewohnheiten

Dauer: ca. 10 bis 20 Minuten

Anzahl der Teilnehmer: 12 bis 16, gerade Anzahl

Hilfsmittel: Flipchart

Beschreibung

Die TN stellen sich paarweise auf und werden aufgefordert, sich über ein vorgegebenes Thema zu unterhalten. Der Trainer notiert im Vorfeld diejenigen Wörter auf Flipchart, die bei dem Gespräch nicht genannt werden dürfen.

Beispiel

 Bei einem Verkaufstraining schreibt der Trainer Wörter auf das Flipchart, die während des Gesprächs nicht benützt werden dürfen: ich, meine, mir, Sie müssen, eigentlich, könnte, würde, normalerweise, versuchen

Die TN kontrollieren sich gegenseitig, ob der jeweils andere im Gespräch die Tabuwörter einsetzt. Verwendet der Gesprächspartner eines der verbotenen Wörter, scheidet er aus und stellt sich an den Rand des Raumes. Der andere wartet, bis aus einer anderen Zweiergruppe einer ebenfalls ausscheidet und beginnt dann mit dem verbleibenden Partner ein Gespräch. Das geht so lange, bis nur noch einer übrig ist. Im Plenum werden anschließend die Erfahrungen reflektiert.

Wirkung

Sich etwas abzugewöhnen, also etwas zu verlernen, ist für die meisten TN schwerer, als neues Wissen zu (er)lernen. Intensive Übungen in Kommunikationstrainings wie diese tragen zum nachhaltigen Lernerfolg bei. Die Übung fordert die TN gleich zweimal: Sie sind zum einen gehalten, auf ihre Wortwahl und die ihres Gegenübers zu achten, zum anderen gilt es, sich schnell auf den nächsten Gesprächspartner einzustellen.

Zudem konfrontiert die Übung mit dem Verlieren. Der Umgang mit Misserfolgen sollte im Reflexionsgespräch thematisiert werden.

Ortrud Tornow

Augen-Blicke

Zweck: trainiert die visuelle Wahrnehmung, sensibilisiert für präzise Informationsvermittlung

Dauer: ca. 20 bis 30 Minuten

Anzahl der Teilnehmer: mind. 6

Hilfsmittel: Papier, Stifte, farbiges blickdichtes Klebeband

Beschreibung

Jeder TN notiert auf einem Blatt Papier den Namen eines beliebigen anderen TN und beschreibt darunter dessen Augen. Der Trainer sammelt die Papiere ein und überklebt jeweils die Namen. Er mischt sie und verteilt sie an die TN. Jeder liest die ihm ausgehändigte Beschreibung vor; die anderen raten, wer damit gemeint sein kann.

Wirkung

Dieses Spiel ist eine sehr schöne Wahrnehmungsübung, deren Schwierigkeitsgrad von den TN zunächst häufig unterschätzt wird. Beim Niederschreiben der eigenen Wahrnehmung merken die TN jedoch schnell, wie schwer es ist, Eindrücke in Worte zu fassen und so zu formulieren, dass die anderen daraus das richtige Ergebnis erraten können. Die TN sind im Nachhinein meist hoch sensibilisiert für Themen wie z. B. „Qualität von Informationen und deren Folgen".

Ortrud Tornow

Fotograf und Kamera

Zweck: sensibilisiert für visuelle Wahrnehmung, schult das Kurzzeitgedächtnis

Dauer: ca. 20 bis 30 Minuten

Anzahl der Teilnehmer: mind. 4, gerade Anzahl

Hilfsmittel: pro Team eine Augenbinde

Beschreibung

Diese Übung sollte entweder im Freien oder in Räumlichkeiten stattfinden, die viele Motive bieten. Die TN finden sich paarweise zusammen. Einer übernimmt nun die Rolle des Fotografen, der andere spielt die Kamera.

Der „Fotograf" verbindet der „Kamera" die Augen und führt diese danach vor ein interessantes Motiv. Sobald der „Fotograf" ein Zeichen gibt (z.B. durch leichten Druck am Arm oder Rücken), nimmt die „Kamera" für eine Sekunde die Augenbinde ab und prägt sich das Motiv ein, das vor ihr ist.

Beim „Fotografieren" sollte nicht gesprochen werden. Nachdem dieser Vorgang vor mehreren Motiven durchgeführt wurde, beschreibt die „Kamera" dem „Fotografen" chronologisch ihre Eindrücke. Danach wechseln die TN die Rollen. Anschließend werden die Erfahrungen der TN im Plenum diskutiert.

Wirkung

Jeder Mensch trägt seine ganz persönliche Brille, mit der er die Welt sieht. Wie unterschiedlich sich diese Wahrnehmungsfilter in der täglichen Kommunikation auswirken können, begreifen und erleben die TN in dieser intensiven spielerischen Übung, die den Beteiligten meistens viel Spaß macht. Sie schult daneben die Konzentration und das Kurzzeitgedächtnis.

Ortrud Tornow

Mein Körper spricht

Zweck: sensibilisiert für die Wirkung von Körpersprache in der Kommunikation

Dauer: ca. 10 bis 30 Minuten

Anzahl der Teilnehmer: mind. 4

Beschreibung

Der Trainer sucht sich einen TN aus der Gruppe aus, geht mit ihm vor die Türe und bittet ihn dort, einen bestimmten Gefühlszustand pantomimisch vor der Gruppe darzustellen (z.B. ängstlich, selbstsicher, ärgerlich oder gelangweilt). Zurück im Raum beginnt der Auserwählte mit der Vorführung. Die anderen TN sollen gemeinsam erraten, wie er sich fühlt.

Wirkung

Die TN sind nach intensiven Diskussionen über die Bedeutung der Körperhaltung des Vorführenden oft erstaunt, wie unterschiedlich körpersprachliche Signale wahrgenommen werden können. Das Spiel eignet sich daher besonders gut, wenn es im Workshop oder Seminar um das bewusste und zielgerichtete Einsetzen aller nichtsprachlichen Elemente in der Kommunikation geht und wenn die eigene Persönlichkeit Thema ist. Die Teilnehmer werden sich so bewusst über die eigenen unbewussten Signale, die sie an ihre Umgebung senden.

Ortrud Tornow

Memory

Zweck: Gedächtnistraining, schärft das persönliche Wahrnehmungsvermögen, stärkt das Zusammengehörigkeitsgefühl

Dauer: ca. 20 bis 30 Minuten

Anzahl der Teilnehmer: 4 bis 12

Hilfsmittel: Bälle, Stifte, farbige Karteikarten

Beschreibung

Diese Übung kann auf einer Wiese, im Wald oder in einem großen Raum stattfinden. Die TN teilen sich in zwei möglichst gleich große Gruppen auf. Jede Gruppe bekommt einen bestimmten Teil des Raumes (oder eine Fläche in der Natur) als Spielfläche zugewiesen und markiert diese an sieben unterschiedlichen Stellen mit verschiedenen Dingen (Outdoor z.B. mit Steinen, Blumen, Hölzchen, Indoor z.B. mit Karteikarten, Stiften, Bällen). Die TN prägen sich ihr Spielfeld und alle Details gut ein. Dann werden die Felder getauscht. Die neue Gruppe verändert vier der markierten Punkte, indem sie die Gegenstände versteckt oder anders hinlegt. Anschließend müssen die TN raten, welche Punkte die andere Gruppe in ihrem Spielfeld verändert hat.

Wirkung

Das Spiel fördert die Konzentration, das Gedächtnis und schult die Wahrnehmung. Die TN können sich viele Gegenstände jeweils für sich alleine merken, sind aber immer wieder überrascht, wie viel mehr das Erinnerungsvermögen einer ganzen Gruppe zustande bringt. Sie lernen, wie wichtig es ist, sich über unterschiedliche Wahrnehmungen auszutauschen, um so das Ergebnis deutlich zu verbessern. Die Übung eignet sich als Einstieg, wenn es um die Meeting-Kultur in einem Team geht und ein intensiverer Austausch zwischen den Teammitgliedern erreicht werden soll.

Ortrud Tornow

Gutes tun

Zweck: in andere hineinversetzen, Teamgeist stärken

Dauer: ca. 30 Minuten

Anzahl der Teilnehmer: gerade Anzahl

Beschreibung

Diese Übung bietet sich vor allem bei Kollegen an, die sich schon besser kennen, oder bei Teams, die bereits zusammengearbeitet haben.

Die TN suchen sich einen Partner in der Gruppe. Der eine spielt die Rolle eines Eventmanagers, der andere ist sein Kunde. Der Eventmanager muss seinem Kunden innerhalb von 15 Minuten ein Erlebnis bescheren, von dem er glaubt, dass es ihn entspannt, ihm also gut tut. Als Hilfsmittel dürfen nur Gegenstände benutzt werden, die sich im Seminarraum befinden.

Danach wechseln die Partner die Rollen und der ehemalige Eventmanager wird nun Kunde. Im Plenum wird hinterher besprochen, ob die jeweiligen Kunden das bekommen haben, was sie wollten.

Wirkung

Diese Übung stärkt den Teamgeist. Sie schult mit entsprechender Nachbereitung das Hineinversetzen in andere. Viele TN gehen nämlich bei der Übung ausschließlich davon aus, was ihnen selbst gut tut. Sie fragen – unter Zeitdruck stehend – nicht groß nach, was dem anderen gefällt, sondern machen einfach etwas, von dem sie annehmen, dass es auf Gefallen stößt.

Ortrud Tornow

Mit Sinnlosem überzeugen

Zweck: überzeugend Präsentieren

Dauer: ca. 60 Minuten

Anzahl der Teilnehmer: maximal 10

Hilfsmittel: eine Kopie des vorbereiteten Textes pro TN

Beschreibung

Die Gruppe wird in zwei gleich große Teams eingeteilt. Das eine Team ist Jury, das andere sind die Redner. Der Trainer begleitet diese in einen anderen Raum und händigt ihnen den vorbereiteten Text aus mit der Bitte, nach 10 Minuten Vorbereitung darüber eine Rede zu halten. Die Rede soll die Jury überzeugen. Sie darf 5 Minuten nicht überschreiten. Der Text darf verändert werden, die wesentlichen Inhalte jedoch nicht. Die Redner werden nacheinander in den Raum gebeten, um ihren Vortrag vor der Jury zu halten.

Die TN werden sofort feststellen, dass der Text keinen Sinn ergibt. Er lautet:

„Der Vorstand hat letzte Woche beschlossen, dass die Belegschaft ab sofort keine Schreibtischstühle mehr benutzen darf. Sie stellen ein Unfallrisiko dar, da bereits viele darüber gefallen sind. Damit die Mitarbeiter weiterhin an ihren Schreibtischen arbeiten können, werden die Tische so abgesenkt, dass die Mitarbeiter bequem auf dem Boden sitzen können."

Die Jury wird gebeten, die Reden jeweils nach folgenden Kriterien im Schulnotensystem zu beurteilen:

- Gestik
- Rhetorik
- Präsentation
- Überzeugungskraft

Die Jurymitglieder machen sich Notizen zu den einzelnen TN.

Wenn alle Reden gehalten sind, werden die Ergebnisse von der Jury bekannt gegeben. Danach wird die Übung im Plenum diskutiert.

Wirkung

Die Übung zeigt, wie wichtig gute Rhetorik und Gestik bei Reden sind. Nur wer sie beherrscht, kann überzeugen – auch mit Inhalten, die eigentlich keinen Sinn ergeben.

Ortrud Tornow

Was wirklich zählt

Zweck: sensibilisiert für körpersprachliche Signale des Gegenübers, schärft die eigene Wahrnehmung

Dauer: ca. 20 bis 25 Minuten

Anzahl der Teilnehmer: 2 bis 12

Hilfsmittel: Streichhölzer oder Zahnstocher

Beschreibung

Die TN setzen sich in einem Halbkreis an einen Tisch. Der Trainer legt 5 Streichhölzer (oder Zahnstocher) auf den Tisch und erklärt, dass er mit Hilfe dieser Streichhölzer geometrische Formen bilden wird, die jeweils für eine Zahl zwischen Null und Fünf stehen. Derjenige, der zu wissen glaubt, um welche Zahl es sich handelt, darf es laut sagen. Weder Trainer noch TN dürfen darüber hinaus miteinander sprechen. Ist die erratene Zahl richtig, legt der Trainer die nächste Form.

Der Clou: Die gelegten Formen haben absolut nichts mit der eigentlichen Zahl zu tun; sie sind Fantasieformen. Während der Trainer eine beliebige Form mit der rechten Hand legt, „zeigt" er die richtige Zahl mit der linken Hand möglichst unauffällig.

- Faust = 0
- ausgestreckter Zeigefinger = 1
- zwei ausgestreckte Finger = 2 usw.

Um die TN noch mehr in die Irre zu führen, kann der Trainer auch bestimmte Formen wiederholt legen, die dann jedes Mal aber eine andere Bedeutung haben – eben jene der linken Hand!

In der Regel gibt es immer ein bis zwei TN, die diese Übung schnell durchschauen. Sie nennen dann natürlich stets die richtige Zahl, während andere sich ausschließlich auf die rechte Hand konzentrieren, die die Figuren legt, und so nicht zu Erfolg gelangen können. Um diese Teilnehmer nicht allzu sehr zu frustrieren und zu demotivieren, sollte der Trainer das Spiel rechtzeitig abbrechen und die Lösung verraten.

Wirkung

Diese Übung sensibilisiert die TN für die körpersprachlichen Signale des Gegenübers und endet immer mit einem Wow-Effekt. Bittet der Trainer bei der Auswertung des Spiels die TN noch zusätzlich, die eigene Motivationskurve während des Prozesses zu reflektieren, erhöht sich die Nachhaltigkeit der Wirkung. Übungen wie diese zur ganzheitlichen Wahrnehmung und zum Einsatz von Körpersprache sollten in Workshops zum Thema Kommunikation und Verkauf nicht fehlen.

Ortrud Tornow

Geschichtenmemory

Zweck: schult die Kreativität, den Mut zur Kommunikation, das aktive Zuhören

Dauer: ca. 20 Minuten

Anzahl der Teilnehmer: 9 bis 30, Kleingruppen à 3 bis 4 Personen

Hilfsmittel: Memory-Karten mit Bildern

Beschreibung

Die TN finden sich in Dreier- oder Vierergruppen zusammen, nehmen sich jeweils einen Stapel Memory-Karten und legen die Karten verdeckt auf einen Tisch. Der erste TN nimmt sich die erste Karte des Stapels und beginnt eine Geschichte passend zu dem abgebildeten Motiv zu erzählen. Er legt die Karte verdeckt auf den Tisch. Der zweite nimmt die nächste Karte und baut sein Bild in die angefangene Geschichte ein usw. Danach legt auch er seine Karte verdeckt auf dem Tisch ab. Der Trainer stoppt das Spiel nach dem Zufallsprinzip. Derjenige, der beim Stopp gerade an der Reihe gewesen wäre, wird aufgefordert, exakt die Reihenfolge der bisher verwendeten Bilder zu wiederholen. Dann startet das Spiel von vorne mit einer neuen Geschichte.

Wirkung

Ein spannendes und zugleich lustiges Spiel, mit dem die Interaktion und Kreativität der Teilnehmer gefördert wird. Zurückhaltende, weniger phantasievolle Teilnehmer erleben, dass auch sie in der Lage sind, Geschichten zu entwickeln und zu erzählen. Gleichzeitig werden die Teilnehmer an die Kommunikationstechnik des aktiven Zuhörens herangeführt.

Ortrud Tornow

Ich habe mal erlebt

Zweck: schult das genaue Zuhören

Dauer: ca. 40 Minuten

Anzahl der Teilnehmer: 5 bis 12

Hilfsmittel: weicher Ball, Papier und Stifte

Beschreibung

Die Gruppe sitzt im Stuhlkreis. Ein TN bekommt den Ball vom
Trainer zugeworfen und beginnt daraufhin eine Fantasiege-
schichte mit dem Einleitungssatz „Ich habe mal erlebt, dass
..." zu erzählen. Nach einigen Sätzen wirft er den Ball einem
anderen TN zu, der die Geschichte weitererzählt usw. Wenn
alle in der Runde mindestens einmal in Besitz des Balles
waren und somit ihren Anteil zur Geschichte beigetragen
haben, bittet der Trainer alle TN, die von ihnen jeweils wahr-
genommenen wesentlichen Elemente der Geschichte auf-
zuschreiben und anschließend der Gruppe vorzustellen.

Wirkung

Die TN werden zumeist feststellen, dass jeder unterschiedliche
Inhalte aufgeschrieben hat. Sie werden dadurch sensibilisiert
für eigene und fremde Wahrnehmungsmuster. Diese Übung
bietet damit eine sehr gute Diskussionsgrundlage zur Verbes-
serung der Kommunikation z.B. in bestehenden Teams.

Ortrud Tornow

Quantensprung

Zweck: Auseinandersetzung mit den eigenen eingeschränkten Denkmustern, Förderung des Teamgeistes

Dauer: ca. 15 bis 20 Minuten

Anzahl der Teilnehmer: 10 bis 20

Hilfsmittel: 5 kleine Bälle, Stoppuhr

Beschreibung

Die TN stellen sich im Kreis auf. Nun beginnt eine Proberunde: Einer bekommt vom Trainer einen Ball überreicht mit der Aufgabe, ihn an einen anderen TN weiter zu werfen. Dieser soll den Ball wieder einem anderen zuwerfen usw. Jeder merkt sich die Person, der er den Ball zugeworfen hat. Alle TN müssen den Ball einmal in der Hand gehabt haben. Der Letzte wirft dann den Ball wieder dem Ersten zu. Die Bälle müssen auch in den nun folgenden Runden in dieser eingeübten Reihenfolge von Person zu Person gehen.

Jetzt bekommt der erste TN 5 Bälle vom Trainer. Er wirft sie nacheinander dem nächsten zu, der sie weiterwirft usw. Der Trainer stoppt die Zeit, bis alle 5 Bälle wieder bei der Startperson angekommen sind. Er fordert die Gruppe auf, es schneller zu versuchen. Die TN dürfen sich über Taktik und Ablauf beraten und starten einen neuen Versuch. Die jeweils pro Runde gestoppten Zeiten werden verglichen.

Von Runde zu Runde läuft es jetzt besser. Der Trainer fragt immer wieder, wie es noch schneller funktionieren könnte.

Kommen die TN dann am Schluss auf die Idee, ihre Positionen so zu verändern, dass die Werfer und die Fänger der Bälle jeweils nebeneinander stehen, sollte die Zeit nicht mehr zu toppen sein. Das Ende des Spiels ist dann erreicht.

Wirkung

Die TN haben sehr viel Spaß bei dieser Übung, da sie unglaublich aktivierend wirkt. Nach dem anfänglich großen Durcheinander stellen sich schnell Erfolgserlebnisse ein, und es kommen die tollsten Ideen zustande. Im Laufe des Projekts findet schließlich durch Veränderung der Positionen und des Ablaufs ein „Quantensprung" statt. Die TN erkennen dadurch ihre eigenen Denkgrenzen und stellen fest, wie wichtig der Austausch im Team ist.

Ortrud Tornow

Erklär es einfach

Zweck: schult eine klare und treffende Kommunikation

Dauer: ca. 20 bis 30 Minuten

Anzahl der Teilnehmer: maximal 12, gerade Anzahl

Hilfsmittel: Moderationskarten mit Sprichwörtern oder Begriffen

Beschreibung

Die TN bilden zwei gleich große Mannschaften. Die erste Gruppe schickt einen TN zum Trainer, der ihm eine Moderationskarte mit einem Begriff oder Sprichwort gibt.

Der TN umschreibt nun für beide Gruppen den Begriff (Sprichwort), ohne das betreffende Wort oder abgeleitete Formen davon nennen zu dürfen. Auch der Einsatz von Gestik ist nicht erlaubt. Die Gruppe, die als erstes den Begriff erraten hat, bekommt einen Punkt. Errät die Mannschaft des Erklärenden den Begriff, erhält sie einen Zusatzpunkt. Nennt der Erklärende versehentlich den gesuchten Begriff, geht der Punkt an die gegnerische Mannschaft. Ist das Wort erraten, ist ein TN der anderen Gruppe mit der Beschreibung eines neuen Begriffes an der Reihe.

Bei den Begriffen eignen sich am besten zusammengesetzte Wörter, wie z.B. Hustensaft, Bildzeile usw.

Nach der letzten Runde werden die Erfahrungen, die das Spiel der Gruppe gebracht hat, im Plenum diskutiert.

Wirkung

Aufmerksamkeit, Erklärungsgeschick und Schnelligkeit sind bei diesem Spiel gefragt. Die TN erkennen, welchen Einfluss Gestik – bzw. fehlende Gestik – auf eine zielgerichtete Kommunikation hat. Sie werden dafür sensibilisiert, sich klar und unmissverständlich auszudrücken, damit die Zuhörer das Gesagte nicht falsch interpretieren. Es ist daher ideal für ein Rhetorik-Training und in allen Kommunikationstrainings. Das Spiel hat zudem eine sehr auflockernde Wirkung.

Ortrud Tornow

Ein Bild hat viele Gesichter

Zweck: Erkennen der Unterschiede der Kommunikation auf Sach- und Beziehungsebene, entdecken der persönlichen Wertung in der Kommunikation

Dauer: ca. 20 bis 30 Minuten

Anzahl der Teilnehmer: 4 bis 10

Hilfsmittel: Porträt-Fotografien von Menschen

Beschreibung

Jeder TN zieht eine Karte mit Abbildungen von Menschen. Die anderen TN bekommen sie nicht zu sehen.

Runde 1: Informationen auf der Sachebene

In der ersten Runde des Spiels geht es um die Sachebene. Den TN wird vom Trainer erklärt, dass sie die abgebildete Person auf der Karte nur von der objektiven Sachebene aus beschreiben dürfen. Beschrieben werden soll also ohne jegliche Wertung oder subjektive Färbung. Die anderen TN versuchen, sich aufgrund dieses Steckbriefes eine Vorstellung von der Person auf dem Bild zu machen. Falls ein Zuhörer während der Beschreibung die Wortwahl doch als wertend empfindet, soll er sofort unterbrechen und seine Empfindung mitteilen.

Ist die Beschreibung beendet, geben die Zuhörer der Reihe nach ihr inneres Bild von der beschriebenen Person wieder. Anschließend wird die Karte gezeigt, und die Gruppe gibt

Rückmeldung zum Ergebnis. Dann beschreibt der nächste TN die Person auf seiner Karte.

Runde 2: Informationen auf der Beziehungsebene

Die Karten werden neu gemischt und von den TN verdeckt gezogen. Die TN sollen die abgebildeten Personen nun ganz bewusst mithilfe von persönlichen Interpretationen, Vorurteilen, Bewertungen, Verallgemeinerungen und Übertreibungen beschreiben.

Die anderen machen sich wieder ihr inneres Bild von der Person. Anschließend wird das Bild offengelegt und der Vergleich zwischen Foto und innerem Bild der TN gezogen.

Wirkung

Die TN reflektieren und setzen sich spielerisch mit dem eigenen Kommunikationsverhalten, ihren Wertvorstellungen und Lebenshaltungen auseinander.

Ortrud Tornow

Für welche Zahl stehst du?

Zweck: Abstimmung und Kommunikation im Team

Dauer: ca. 20 bis 30 Minuten

Anzahl der Teilnehmer: 12

Hilfsmittel: 6 × 2 Zettel mit den Ziffern 1 bis 6, Pinnkarten mit vorbereiteten Zahlenfolgen aus der Zahlenreihe 123456, Flipchart für Punkteliste

Beschreibung

Der Trainer teilt zwei Teams ein zu je 6 Personen. Jedes Teammitglied einer Gruppe bekommt vom Trainer geheimnisvoll und mit einem vertrauensvollen Händedruck eine Zahl aus der Zahlenfolge 123456 auf einem Zettel zugesteckt, für die es ab jetzt in der Übung steht.

Beispiel

Die Zahl 1 wird an Herrn Müller aus dem Team A vergeben und an Frau Schmidt aus dem Team B. Beide TN repräsentieren ab jetzt die Zahl 1 in ihrem Team.

Die Teams bringen sich vor dem Trainer mit reichlichem Abstand in Aufstellung. Der Trainer hält nun Pinnkarten mit Zahlenkombinationen aus der Zahlenreihe 123456 hoch, so z. B. 435 oder 6214 usw.

Die TN müssen sich jetzt in der Reihenfolge dieser Zahlenkombination aufstellen, z. B. bei der Kombination 123 erst die 1 beginnend vom Trainer, dahinter die 2 und dann die 3. Da niemand der Teammitglieder weiß, wer für welche Zahl steht, dauert es eine Weile, bis die richtige Zahlenkombination in einer Reihe steht. Diejenige Gruppe, die als erste in der richtigen Formation steht, bekommt einen Punkt.

Das Spiel kann so lange gespielt werden, bis allen klar ist, wer welche Zahl symbolisiert.

Wirkung

Durch die Art und Weise der Überreichung der Zahl (geheimnisvoll mit Blickkontakt und Händedruck) halten die meisten TN die Information für vertraulich. Meist findet daher zunächst keine Kommunikation im jeweiligen Team statt, so dass es sehr lange dauert, bis jeder im Team begriffen hat, wo sein Platz in der Zahlenreihe ist. Die Übung veranschaulicht wunderbar, wie schnell und einfach Menschen zu beeinflussen sind und sich beeinflussen lassen. Alles läuft ohne nachzudenken nach festen Programmen. Das Spiel zeigt: Kommunikationsprozesse im Team müssen funktionieren, um die Informationsweitergabe zu optimieren.

Ortrud Tornow

Gruppendynamik

Eine Arbeitsgruppe besteht zunächst aus vielen Einzelnen, die zueinander finden müssen, damit die Kooperation klappt. Die Gruppendynamiker sprechen vom „Aneinander-angeschlossen-Sein". Dass dies gar nicht so einfach ist, haben Sie bestimmt schon des Öfteren erlebt. Unterschiedliche Charaktere, Voraussetzungen, Wünsche und Ziele der Teilnehmer machen die gemeinsame Arbeit häufig zu einem schwierigen Unterfangen. Die richtigen Spiele können hier eine wertvolle Hilfe sein.

Rutschen

Zweck: Stärkung des Zusammengehörigkeitsgefühls, relativ intensiver Körperkontakt (deshalb nur bei Gruppen, die keine Berührungsängste haben, bzw. sich schon etwas kennen)

Dauer: 10 bis 15 Minuten

Anzahl der Teilnehmer: mind. 6

Beschreibung

Die TN sitzen in einem geschlossenen Stuhlkreis – der Trainer spielt mit. Er beginnt das Spiel, indem er bestimmte Vorgaben macht, wie: „Rutschen Sie nach rechts, wenn Sie ein Haustier haben." Alle TN, die ein Haustier besitzen, rutschen nun einen Stuhl nach rechts; hierbei kann es passieren, dass ein TN (eben jemand, der kein Haustier hat) sitzen bleiben muss und somit ein Nachbar auf dessen Schoß (oder auch nur auf die Knie) zu sitzen kommt. Das Schoßstapeln kann beginnen!

Der Trainer gibt nun weitere Anweisungen, nach denen die Betroffenen einen oder (nach Ankündigung) mehrere Plätze nach links oder rechts rutschen. Dabei lassen sich auch Bezüge zum Kursthema herstellen, etwa die Erfahrungen der Teilnehmer mit dem Thema erfragen: „Rutschen Sie nach rechts, wenn Sie schon einmal mit InDesign gearbeitet haben." Je nach Zeit und Lust und Laune sind mehrere Runden denkbar.

Sollte der Trainer bei seiner Gruppe nicht ganz sicher sein, ob der nahe Körperkontakt günstig ist, hier eine Variante:

Die TN stehen im Kreis, der Stuhl wird durch ein DIN-A4-Blatt ersetzt, das alle mit mindestens einem Schuh berühren müssen. Ansonsten läuft das Spiel wie oben beschrieben ab, statt zu rutschen gehen die TN jeweils einen Schritt nach rechts. Auch so kommen sich die TN in spaßiger und gelöster Atmosphäre ein wenig näher, ohne dass die persönliche Komfortzone zu sehr überschritten wird.

Tipp: Im Fremdsprachenunterricht kann diese Übung zum Hörverständnis genutzt werden, z.B. für "present perfect": "Move to the right in case you have never eaten sushi."

Wirkung

Es ist leicht vorstellbar, dass diese Übung viel Spaß in den Seminarraum bringen kann und das Gruppengefühl durch gemeinsames Lachen und viel Bewegung stärkt. Die Körperlichkeit bringt die TN in aller Regel einander näher. Prüfen Sie aber sicherheitshalber als Kursleiter vorher, ob die TN keine Berührungsängste voreinander haben.

Marcus Koch

Ich mach das, was machst du?

Zweck: spielerisch eine gemeinsame Aufgabe lösen

Dauer: maximal 30 Minuten

Anzahl der Teilnehmer: maximal 10 bis 12

Beschreibung

Alle TN stehen im Kreis und schauen in die Mitte. Der Kursleiter nennt seinen Vornamen und macht dazu eine Bewegung
(z. B. Klatschen). Er wiederholt seinen Namen und wendet sich
an den TN zu seiner Rechten. Dieser wiederholt den Vornamen
des Kursleiters und die dazugehörige Bewegung noch einmal,
nennt seinen eigenen Vornamen und macht eine andere
Bewegung (z. B. Aufstampfen). Dann wendet er sich an seinen
Nachbarn. So geht es von einem zum anderen, bis alle an der
Reihe waren. Wenn das Spiel ins Stocken gerät, was manchmal – je nach Gruppengröße – passieren kann, helfen alle
zusammen, um den Faden wiederaufzunehmen.

Wirkung

Die Gruppe lernt, gemeinsam eine Aufgabe zu bewältigen. Wir
haben das Spiel schon häufig mehrmals hintereinander gespielt, weil die TN nicht aufhören wollten, bevor nicht alles
„perfekt" war. Das Spiel ist also auch ein Mittel, um den
Ehrgeiz des Teams zu fördern – und so die perfekte Vorbereitung auf die nachfolgende gemeinsame Arbeit.

Monika Schubach

Über das ganze Jahr

Zweck: Einstellen der Gruppenmitglieder aufeinander, Einüben von subtiler Kommunikation, gemeinsame Zielorientierung

Dauer: ca. 10 Minuten

Anzahl der Teilnehmer: ca. 10 bis 12

Beschreibung

Die TN stehen im Kreis. Die gesamte Gruppe soll die Monate von Januar bis Dezember und wieder zurück aufzählen. Der erste sagt „Januar", ein anderer „Februar" usw. Diese Aufzählung geht allerdings nicht reihum, beispielsweise im Uhrzeigersinn, sondern ungeordnet. Die Reihenfolge ergibt sich also von selbst durch die Aktivität der Sprecher. Natürlich lässt es sich dadurch nicht vermeiden, dass ab und zu zwei oder mehrere Sprecher gleichzeitig rufen, also den gleichen Monatsnamen nennen. In diesem Fall muss die Gruppe von vorne beginnen.

Varianten: Aufzählen der Wochentage, Zählen von 1 bis x, Buchstabieren des Alphabets usw.

Das Spiel sollte so lange gespielt werden, bis die Gruppe gemeinsam das gesetzte Ziel erreicht hat.

Wirkung

Konzentration und subtile Kommunikation unter den TN stehen hier im Vordergrund. Jeder muss exakt auf die anderen
achten, muss sehen, wenn einer zum Sprechen ansetzt, muss
beobachten, wann er „etwas sagen darf". Dies erfordert ein
hohes Maß an Konzentration, Beobachtungsgabe und Einfüh-
lung in den anderen.

Monika Schubach

Fantasie der Buchstaben

Zweck: Gruppenzusammenhalt von Kleingruppen durch das Lösen einer gemeinsamen Aufgabe, Kreativität

Dauer: ca. 30 Minuten

Anzahl der Teilnehmer: unbegrenzt, aufgeteilt in Kleingruppen à 3 Personen

Hilfsmittel: pro Gruppe ein DIN-A3-Blatt

Beschreibung

Je eine Gruppe arbeitet an einem Tisch.

Jedes Mitglied einer Kleingruppe schreibt die Buchstaben seines Vornamens (Druckbuchstaben) untereinander auf ein DIN-A3-Blatt. Die Buchstaben jedes Namens sollen den Anfang von Wörtern bilden, die zusammen einen sinnvollen Satz ergeben. Die Gruppenmitglieder tüfteln gemeinsam an den drei Sätzen.

Beispiel

M = Mein
O = Onkel
N = Norbert
I = Ist
K = Kein
A = Architekt

Steigerung: Die drei Vornamen der Gruppenmitglieder stehen direkt untereinander und alle drei zusammen müssen einen sinnvollen Satz ergeben.

Am Ende des Spiels können dann alle Seminarteilnehmer die Beispielsätze der Gruppen beurteilen. Wer den schönsten Satz kreiert hat, erhält vielleicht vom Trainer ein kleines Geschenk.

Wirkung

Die Mitglieder der Kleingruppen lernen, miteinander zu arbeiten, und versuchen, gemeinsam zu einem guten Ergebnis zu kommen. Das Spiel fördert so den Zusammenhalt; die Kreativität Einzelner kommt dabei zum Tragen.

Monika Schubach

Plakat

Zweck: Identifikation mit der Arbeitsgruppe, gemeinsames Lösen einer Aufgabe, Kennenlernen, Präsentieren

Dauer: ca. 30 Minuten

Anzahl der Teilnehmer: unbegrenzt, Kleingruppen à 3 bis 4 Personen

Hilfsmittel: pro Gruppe 1 DIN-A2-Karton oder 1 Bogen Flipchart-Papier und farbige Stifte

Beschreibung

Die Gruppenbildung erfolgt idealerweise mit einer Methode aus dem Kapitel „Teambildung". Je eine Gruppe arbeitet an einem Tisch.

Jedes Team soll nun ein Gruppenplakat erstellen. Dazu erhält es einen Bogen Flipchart-Papier oder einen DIN-A2-Karton und unterteilt diesen in so viele Felder, wie Gruppenmitglieder anwesend sind, sowie ein zusätzliches Feld in der Mitte.

Im mittleren Feld sollen die Teammitglieder gemeinsame Eigenschaften und Interessen eintragen, etwa gemeinsame Erfahrungen mit dem Seminarthema, Hobbys oder Vorlieben. Die Eintragungen können auch visuell dargestellt sein, also durch kleine Zeichnungen. Der Fantasie sind keine Grenzen gesetzt. Dieses Feld zeigt dann, was die Gruppe verbindet.

Die darum herumgruppierten Felder präsentieren jeden Einzelnen. Hier darf jeder TN aufschreiben, was ihn besonders

auszeichnet, und dies wiederum mit Zeichnungen visualisieren. Ein Beispiel zeigt die folgende Skizze.

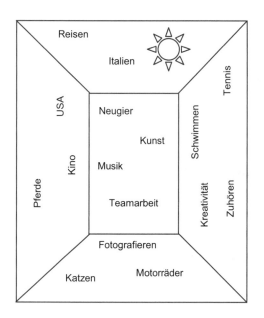

Haben alle Gruppen ihr Plakat fertig gestellt, darf jeweils ein
Teammitglied dieses präsentieren. Alternativ dazu können
auch alle TN einer Gruppe einander gegenseitig vorstellen
und sich dann zusammenfassend als Team präsentieren.

Wirkung

Die Mitglieder jeder Gruppe lernen sich einerseits untereinander gut kennen, andererseits erfahren sie, wie sie miteinander

arbeiten und zu einem gemeinsamen Ergebnis kommen können.

Durch das Erstellen des Plakats, auf dem jeder seinen Bereich individuell gestalten kann, auf der anderen Seite aber auch jeder mit den anderen kooperiert, entsteht eine hohe Identifikation mit dem Team und dadurch wiederum eine gute Motivation für die gemeinsame Arbeit.

Zudem erfordert das Visualisieren viel Kreativität. Schöner Nebeneffekt: Die TN, die präsentieren, können das Sprechen vor einer größeren Gruppe trainieren und erhalten, soweit erwünscht, von den Zuhörern Feedback (Plakatausführung, Vortragsweise, Stimme, Körperhaltung, Blickkontakt usw.).

Susanne Beermann

Zweibeiniger Stuhl

Zweck: gemeinsames Lösen einer Aufgabe durch Bewegung und Koordination der Bewegungen in der Gruppe

Dauer: ca. 10 Minuten

Anzahl der Teilnehmer: beliebig

Hilfsmittel: pro TN ein Stuhl

Beschreibung

Die TN stehen hinter ihrem Stuhl in einem Kreis und blicken gegen den Uhrzeigersinn. Jeder TN kippt seinen Stuhl mit der linken Hand leicht zu sich hin, sodass nur die hinteren zwei Stuhlbeine auf dem Boden stehen. Ziel jedes TN ist es, einmal gegen den Uhrzeigersinn von Stuhl zu Stuhl zu laufen und schließlich wieder bei seinem eigenen anzukommen. Dabei darf kein Stuhl umfallen oder vorne den Boden berühren. Sie dürfen nur mit der linken Hand berührt werden. Passiert ein Fehler, müssen alle TN zurück zu ihrem Ausgangsstuhl.

Wirkung

Die Aufgabe gelingt nur, wenn sich alle TN über Vorgehensweise und Taktik verständigen und die Bewegungen miteinander koordinieren. Es können Konflikte auftreten, wenn etwa einer seinen Fehler vertuschen will, um die Gruppe nicht gegen sich zu aufzubringen. Es kann aber auch ein richtiges Team entstehen.

Susanne Beermann

Indiana Jones oder: Wer geht mit, wer muss warten?

Zweck: ausweglose Situationen im Team bewältigen

Dauer: solange, bis das erste Team die Lösung hat

Anzahl der Teilnehmer: unbegrenzt, Kleingruppen à 4 Personen

Hilfsmittel: pro Team Papier und Stift

Beschreibung

Die TN bilden Vierergruppen. Der Trainer beschreibt die Situation und Personen, in die sich die Teams hineinversetzen sollen: Indiana Jones ist mit drei Forschern auf der Flucht vor Eingeborenen. Die Forschergruppe hat einen Vorsprung von genau 60 Minuten. In dieser Zeit müssen sie bei extremer Dunkelheit eine brüchige Hängebrücke überqueren. Sie haben jedoch nur eine Taschenlampe und es können immer höchstens zwei Personen gleichzeitig auf der Brücke sein. Indiana Jones schafft die Strecke in 5 Minuten, einer der Forscher in 10 Minuten, die beiden anderen in 20 bzw. 25 Minuten.

Nach dieser Geschichte stellt der Trainer die Aufgabe an die Teams: In welcher Reihenfolge müssen welche Paare die Hängebrücke überqueren und wer bringt jeweils die Taschenlampe zurück, so dass es gelingt, den Eingeborenen noch rechtzeitig zu entkommen?

Die Lösung:

1 Zweiergruppe/Hinweg: 5 + 10 Minuten, zurück: 5 (oder 10) Minuten

2 Zweiergruppe/Hinweg: 20 + 25 Minuten, zurück: 10 (oder 5) Minuten

3 Zweiergruppe/Hinweg: 5 + 10 Minuten

Wirkung

Die Aufgabe forciert den Wettbewerb zwischen den Teams. Die unterschiedlichen Denk- und Lösungsstrategien fördern zudem eine zukünftig effizientere Zusammenarbeit. Die Erkenntnis, dass die zwei Langsamsten zusammengehen müssen, damit es das gesamte Team in der Zeit schafft, führt zu intensiven Diskussionen: Die TN reflektieren dann Situationen und Erlebnisse, bei denen eine ähnliche Entscheidung getroffen und unter Zeitdruck gearbeitet werden muss.

Ortrud Tornow

Teamquadrat

Zweck: gemeinsam eine Lösung finden

Dauer: ca. 20 Minuten

Anzahl der Teilnehmer: mind. 8, gerade Anzahl

Hilfsmittel: Seil (ca. 3 Meter lang), pro TN eine Augenbinde

Beschreibung

Es werden Teams mit mindestens 4 TN gebildet. Sie stellen sich mit ausreichend Abstand zueinander im Raum oder im Freien jeweils in Reihen auf. Alle bekommen die Augen verbunden. Die TN des jeweiligen Teams strecken die Hände vor und der Trainer legt ihnen das Seil in die Hände. Nun bittet der Trainer die Teams, mit dem Seil ein Quadrat zu legen. Sobald ein Team fertig ist, dürfen dessen Mitglieder die Augenbinden abnehmen.

In der sich anschließenden Auswertungsphase stellt der Trainer folgende Fragen, um deren Beantwortung er bittet:

- Wie hat das Team gearbeitet?
- Welche Phasen gab es?
- Welche Rollen wurden wahrgenommen?
- Was hat die Lösungsfindung gefördert?
- Was hat die Lösungsfindung behindert?

Wirkung

Das Team erarbeitet in dieser Übung gemeinsam Lösungs- und Kommunikationswege sowie Spielregeln, um das Ziel zu erreichen. Es kristallisiert sich eine Rollenverteilung heraus, die für zukünftige Aufgaben genutzt werden kann.

Ortrud Tornow

Die Papierbrücke

Zweck: scheinbar unlösbare Herausforderungen gemeinsam meistern

Dauer: ca. 70 Minuten

Anzahl der Teilnehmer: mind. 8

Hilfsmittel: pro Gruppe zwei Bögen Flipchart-Papier, eine Schere, einen Klebestift, ein Lineal (30 cm)

Beschreibung

Es werden Teams mit mindestens 4 Mitgliedern gebildet. Jedes Team erhält die vorbereiteten Materialien. Der Trainer beschreibt folgende Situation:

„Ihre Firma erhält den Auftrag, Brücken in Afrika zu konstruieren und zu bauen. Sie als Ingenieur-Teams innerhalb der Firma werden gebeten, verschiedene Brückenkonstruktionen mit maximaler Spannweite zu erarbeiten. Der Auftraggeber wird später vorbeikommen, um diese zu besichtigen."

Folgende Vorgaben sind zu beachten: Die einzelnen Papierteile dürfen die Maße eines Lineals nicht überschreiten. Die fertige Brücke muss eine Schere mindestens 30 Sekunden lang tragen können.

Für die Planung und Konstruktion haben die Teams insgesamt 60 Minuten Zeit, für die anschließende Präsentation 10 Minuten. Danach wird gemeinsam darüber abgestimmt, welches Team die „beste" Brücke gebaut hat.

Wirkung

Diese Übung ist spannend, weil ihr die TN, die keine Inge-
nieure und damit für eine solche Aufgabe nicht qualifiziert
sind, anfangs mit Skepsis und Widerstand begegnen werden.
Umso mehr sind Kreativität, logisches Denken, aber auch
Ausdauer und Mut gefordert, Neues auszuprobieren, und am
„Auftrag" dranzubleiben.

Ortrud Tornow

Konflikt- und Problemlösung

Nicht diejenigen sind ein Problem, die eine eigene Meinung haben, sondern jene, welche ihre Meinung für die einzig und allein glücklich machende Wahrheit halten. Mit den folgenden Übungen lernen die Teilnehmer spielerisch, Konfliktsituationen zu analysieren, zu reflektieren und ihre Rolle darin selbst wahrzunehmen. Für die Zukunft können sie so neue Verhaltensmuster in Konflikten entwickeln.

Stimmungsskala

Zweck: Positionierungen der TN zu bestimmten Fragen offenlegen, Konflikte aufdecken

Dauer: ca. 15 bis 20 Minuten

Anzahl der Teilnehmer: unbegrenzt

Hilfsmittel: Kreppband-Streifen oder ein Seil, pro TN 50 cm lang

Beschreibung

Das Seil (bzw. der Kreppband-Streifen) wird in gerader Linie auf dem Boden platziert. Der Trainer erklärt den TN, dass die so gebildete Linie eine Skala darstellt und definiert, wo auf dieser Skala 1 und wo 10 ist. Er stellt nun Fragen, die von den TN eine bestimmte Positionierung an der so gebildeten Linie erfordern.

- In einer Morgenrunde bietet sich z.B. folgende Frage an: „Wie geht es Ihnen heute? Definieren Sie, ob gut oder schlecht, indem Sie sich an der Skala positionieren. Stehen Sie an der linken Seite an der 1, geht es Ihnen sehr gut – stehen Sie ganz rechts, drücken Sie aus, dass es Ihnen sehr schlecht geht. Stehen Sie in der Mitte, geht es Ihnen mittelgut bis mittelschlecht."

- In der Startphase eines Teamtrainings eignet sich z.B. die Frage: „Wie wohl fühlen Sie sich im Team? 1 auf der Skala bedeutet sehr unwohl und 10 bedeutet, dass Sie sich nicht wohler fühlen könnten."

Je nach Ergebnis der Positionierung sind evt. vertiefende Fragen angebracht, so z. B. „Möchten Sie der Gruppe sagen, weshalb Sie sich auf diese Position gestellt haben?"

Wirkung

Diese Übung ist gut geeignet, wenn es darum geht, den Mitspielern neue Aspekte über sich im Verhältnis zum Rest der Gruppe zu verdeutlichen. Die TN öffnen sich sehr schnell und werden angeregt, ihre Meinung klar zu äußern. Daraus ergeben sich je nach Team zahlreiche Diskussionspunkte.

Dieses Spiel fordert vom Trainer hohe Sensibilität. Er muss erkennen, wann es angebracht ist, mit weiteren Fragen tiefer zu gehen. Ist die Stimmung im Team ohnehin konfliktbeladen und explosiv, sollte man sich gut überlegen, ob es für die jeweiligen Trainingszwecke geeignet ist.

Ortrud Tornow

Gordischer Knoten

Zweck: Problemlösung, Bewegungsspiel

Dauer: ca. 10 Minuten

Anzahl der Teilnehmer: 8

Beschreibung

Die Gruppe sollte bei dieser Übung schon ein Weilchen zusammen gearbeitet haben, damit die gröbsten Berührungsängste abgebaut sind.

Alle TN stehen in einem engen Kreis und strecken die Arme nach vorne in die Mitte. Auf Kommando des Trainers schließen alle die Augen und fassen mit jeder Hand die Hand eines anderen TN – möglichst nicht die des Nachbarn.

Wenn alle Hände eine andere Hand gefunden haben, dürfen die TN wieder die Augen öffnen und versuchen, den entstandenen Knoten zu entwirren. Dabei sollen die TN die Hände der anderen nicht loslassen.

Wirkung

Dieses Spiel dient primär der Auflockerung und ist besonders wirksam, wenn eine Gruppe sich während der gemeinsamen Arbeit geistig „verknotet" hat und mit einem Problem nicht weiter kommt.

Ortrud Tornow

Jammern und wehklagen

Zweck: Frust raus lassen

Dauer: ca. 2 bis 5 Minuten

Anzahl der Teilnehmer: unbegrenzt

Beschreibung

Der Trainer bitte alle TN gleichzeitig, laut zu jammern, zu stöhnen und zu wehklagen.

Wirkung

Dieses Spiel tut enorm gut und ist gar nicht so albern, wie es sich zunächst anhört und -fühlt. Es ist immer dann sinnvoll, wenn die Gruppe gefrustet ist und ohnehin schon viel gejammert wird.

Ortrud Tornow

Kräftespiel – Meine und deine Möglichkeiten

Zweck: Sensibilisierung für eigenes und fremdes Konfliktverhalten

Dauer: ca. 10 bis 15 Minuten

Anzahl der Teilnehmer: unbegrenzt

Beschreibung

Die TN stehen im Kreis und sehen sich an. Alle heben ihre Hände auf Schulterhöhe. Sie legen ihre Handflächen an die ihrer Nachbarn zur rechten und linken Seite.

Schritt 1

Alle versuchen jetzt zur gleichen Zeit mit den Armen maximale Bewegungen nach oben, unten und zur Seite zu machen. Dabei müssen die Handflächen immer in Kontakt mit denen der Partner links und rechts bleiben.

Anschließend fragt der Trainer: Was haben Sie erlebt, wie haben Sie es erlebt (Gleichgewicht, Kontakt gehalten, zu wenig Kontakt, zu viel Kontakt, zu viel Nähe etc.)?

Schritt 2

Gleiche Ausgangshaltung wie oben, allerdings muss jeder TN jetzt zusätzlich einen Fuß vom Boden nehmen.

Wieder fragt der Trainer die TN im Anschluss daran nach ihren Erlebnissen und Empfindungen.

Schritt 3

Gleiche Ausgangshaltung und Übung wie in Schritt 2, hier mit dem Unterschied, dass die TN versuchen sollen, selbst im Gleichgewicht zu bleiben, während sie probieren, ihre Partner links und rechts aus dem Gleichgewicht zu bringen.

Der Trainer fragt danach: Wie haben Sie es geschafft und was haben Sie dabei empfunden (z.B. Druck von oben geben, sich zurücknehmen, nur so tun, als ob man mitmacht, Sieg verspürt, Freude empfunden, selbst aus dem Gleichgewicht gekommen)? Wohin ist Ihr Blick gegangen (auf den Boden, in die Ferne)? Wie haben Sie Ihre Partner zur rechten und linken Seite wahrgenommen?

Wirkung

Die TN durchleben die Wirkung der unterschiedlichen Verhaltenskomponenten bei Auseinandersetzungen. Sie werden mit dem eigenen und fremden Konfliktverhalten in unterschiedlichen Konfliktphasen konfrontiert, z.B. erleben sie Aggression und das Druck Geben und Nehmen. Der Trainer kann gemeinsam mit den TN das Erlebte auf Konfliktsituationen im Alltag übertragen.

Ortrud Tornow

Assoziieren leicht gemacht

Zweck: Brainstorming zu einem bestimmten Thema

Dauer: ca. 20 Minuten

Anzahl der Teilnehmer: 10 bis 12

Hilfsmittel: drei Stühle

Beschreibung

Es werden drei Stühle nebeneinander angeordnet. Dahinter stellen sich die TN in einer Schlange auf. Der Trainer setzt sich auf den Stuhl in der Mitte und gibt ein Thema vor. Er sagt z. B. das Wort „Herbst". Der Erste in der Reihe setzt sich links neben den Trainer auf den Stuhl und nennt einen Begriff, den er mit der Vorgabe in Verbindung bringt, z. B. „Regen". Der nächste aus der Reihe setzt sich dann auf den rechten Stuhl und sagt ebenfalls seine Assoziation, z. B. „Herbstspaziergänge".

Der Trainer in der Mitte soll sich jetzt entscheiden, welcher der beiden Begriffe ihm besser gefällt. Dann stellt er sich zusammen mit dem TN, dessen Begriff er nicht genommen hat, am Ende der Schlange wieder an.

Der TN, der sitzengeblieben ist, rutscht in die Mitte und nennt einen weiteren Begriff zum selben Thema. Weitere TN folgen nach demselben Prinzip. Sobald der Trainer merkt, dass den TN nur noch wenig einfällt oder bereits erste Wiederholungen genannt werden, kann er ein neues Thema vorgeben.

Nach einiger Zeit, wenn die TN mit dem Prinzip des Spiels vertraut sind, kann der Trainer die Intensität der Übung steigern. Er kann einen Themenbegriff einbringen, mit dem sich das Team intensiver beschäftigen soll, z.B. zu den Themen Konflikte, Gerüchte oder Missverständnisse.

Wirkung

Der sanfte Einstieg über ein neutrales Thema macht es den TN später leichter, ihre eigenen Gefühle und Bedürfnisse zu verschiedenen – auch schwierigeren – Themen preiszugeben. Je länger die Übung dauert, desto intensiver beschäftigen sie sich mit einem Thema. Der Trainer kann dieses Spiel gezielt einsetzen, damit sich die Gruppe in ein bestimmtes Thema besonders intensiv, aber doch spielerisch einarbeitet. Auch bestens geeignet, um einen bereits behandelten Stoff zu wiederholen.

Ortrud Tornow

Teamführung

Führungskräfte sind heutzutage keine Vorgesetzten mehr, die anderen autoritär ihre Vorstellungen aufzwingen. Führung lebt von der wechselseitigen Information zwischen Führungskraft und Team. Teamführung ist erlernbar. Entsprechende Übungen machen es für Führungskräfte und für solche, die es noch werden wollen, leichter, sich in die unterschiedlichen Rollen der Beteiligten hineinzuversetzen.

Führen von „blinden" Mitarbeitern

Zweck: Sensibilisierung für unterschiedliche Bedürfnisse und Werte in der Führungsverantwortung

Dauer: 90 bis 120 Minuten

Anzahl der Teilnehmer: 9 bis 15 eingeteilt in Dreiergruppen

Hilfsmittel: Stoppuhr, Umschläge mit Arbeitsanweisungen für die Teams, pro Team zwei Augenbinden, eine rechteckige gelbe, eine rechteckige rote und drei rechteckige blaue Moderationskarten, ein ca. zwei Meter langes Seil oder dickere Schnur, DIN A 4 Papier, Kreppband, bunte Stifte

Vorbereitung: DIN A 4-Blatt mit dem Wort „Hindernis" beschriften und in der Mitte des Seils mit Kreppband befestigen; Seil zwischen zwei Stühle hängen (siehe die Abbildung „Hindernis" in der Beschreibung), Instruktionen vorbereiten und Stationen aufbauen (siehe dazu näher in der Beschreibung).

Beschreibung

Die TN bilden Dreierteams. In diesen Teams ist einer die Führungskraft und die beiden anderen übernehmen die Rollen der Mitarbeiter. Alle Mitarbeiter verlassen zunächst den Raum. Die Führungskräfte erhalten vom Trainer in verschlossenen Umschlägen Aufgaben, die sie gemeinsam mit ihrem Team lösen müssen. Der Trainer macht klar, dass nicht die Führungskräfte selbst Hand anlegen sollen beim Lösen der Aufgaben, sondern dass das allein Sache der Mitarbeiter ist.

Die Führungskraft soll während des gesamten Spielverlaufs die Mitarbeiter so führen, dass diese die Aufgaben lösen können. Den Mitarbeitern werden die Augen verbunden. Sie betreten den Raum. Die Phase des Aufgaben Lösens beginnt.

Instruktionen an die Führungskräfte

Allgemeine Informationen zu den Aufgaben:

- In diesem Umschlag finden Sie Anweisungen zu allen Aufgaben, die Sie mit Ihrem Team lösen sollen.
- Manche Aufgaben beinhalten mehrere Teilaufgaben.
- In den Räumlichkeiten sind die verschiedenen Stationen zu den Aufgaben aufgebaut.
- Als Führungskraft sollen Sie Ihre Mitarbeiter – in beliebiger Reihenfolge (Ausnahme: Aufgabe „Ziel") – von Station zur Station führen.
- Sie sind im Spiel Team *1/2/3/4/5*. An einigen Stationen finden Sie Arbeitsmaterial. Nutzen Sie ausschließlich Material, das Ihre Teamnummer trägt.
- Sie haben maximal 15 Minuten Zeit.

Station/Aufgabe 1:

Nutzen Sie das dort liegende Material (eine rechteckige gelbe, eine rechteckige rote und drei rechteckige blaue Moderationskarten), um folgende Brückenkonstruktion zu bauen:

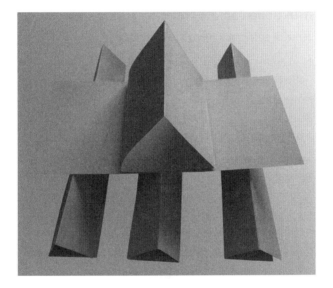

Station/Aufgabe 2

Übersteigen Sie das Hindernis, ohne dabei das Seil zu berühren. Wenn Sie das Seil berühren, wiederholen Sie die Aufgabe solange, bis Sie das Seil ohne Berührung überwunden haben.

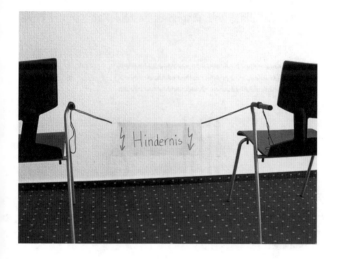

Station/Aufgabe 3

Übertragen Sie alle unten dargestellten „Formen und Symbole" in genau der gleichen Anzahl (die Anordnung ist egal) auf das Blatt Papier und verwenden Sie dabei mindestens zwei unterschiedliche Farben. Schreiben Sie einen Titel Ihrer Wahl auf das Blatt und hängen es anschließend an der Pinnwand auf.

Station/Aufgabe 4 (letzte Aufgabe)

Wenn Sie die Aufgaben 1 bis 3 vollständig bearbeitet haben, gehen Sie zu der Station „Ziel". Wenn Sie bei der Station sind, rufen Sie laut „Wir sind fertig!" Ihre Mitarbeiter dürfen die Augenbinde erst abnehmen, bis alle Teams alle Aufgaben erfüllt haben bzw. die Zeitvorgabe um ist.

Sie finden hier drei Auswertungsbogen – einen für die Führungskraft, zwei für die Mitarbeiter. Werten Sie nach der Übung die Ergebnisse Ihrer Arbeit mithilfe dieser Bögen getrennt voneinander aus.

Auswertungsbogen Mitarbeiter

- Wie ging es Ihnen als Mitarbeiter/in – wann haben Sie sich wohl gefühlt, wann weniger?

- Welche Aspekte des Führungsverhaltens waren für Sie hilfreich?

- Welche Aspekte des Führungsverhaltens waren für Sie kritisch?

- Weitere Anmerkungen:

Auswertungsbogen Führungskraft

- Wie ging es Ihnen bei dieser Übung als Führungskraft – wann haben Sie sich wohl gefühlt, wann weniger?

- In welcher Situation waren Sie in Ihrem Führungsverhalten aus Ihrer Sicht klar und sicher?

- Wo waren Sie in Ihrem Führungsverhalten aus eigener Sicht unklar und unsicher?

- Weitere Anmerkungen:

Die Übung kann auch zweites Mal mit vertauschten Rollen durchgeführt werden. Im Anschluss an die Übung findet die Auswertung der Bögen im Plenum statt.

Wirkung

Diese Übung ist sehr effektiv für Führungskräfte zum Thema „Teams leiten und führen". Das Hineinversetzen in die Lage des Mitarbeiters bleibt und ist eine Herausforderung für Führungskräfte. Diese Übung sensibilisiert für den positiven Umgang mit Emotionen im Führungsprozess und schafft Bewusstsein für die Wichtigkeit bestimmter Führungsmethoden und -techniken – den Werkzeugen einer Führungskraft.

Ortrud Tornow

Delegation an „Blinde"

Zweck: Führungskommunikation und Delegation lernen

Dauer: ca. 30 Minuten

Anzahl der Teilnehmer: unbegrenzt, Kleingruppen à 3 bis 4 Personen

Hilfsmittel: pro Team ein ca. 3 Meter langes Seil und eine Augenbinde, Stühle

Beschreibung

Die Teams werden eingeteilt in jeweils eine Führungskraft, einen Mitarbeiter und ein bis zwei Beobachter. Die Mitarbeiter verlassen den Raum. Stühle und Seile werden willkürlich im Raum verteilt. Die Führungskräfte erhalten vom Trainer dann folgenden Arbeitsauftrag: Jeder verbindet seinem Mitarbeiter die Augen und führt ihn anschließend durch den Raum, vorbei an den Stühlen bis hin zu einem herumliegenden Seil. Hier muss der Vorgesetzte seinen Mitarbeiter anweisen, aus dem Seil ein Quadrat zu legen.

Während der gesamten Umsetzung darf die Führungskraft nur Anweisungen geben, nicht selbst Hand anlegen und helfen. Die Beobachter legen Fokus darauf, wie die Führungskraft den Arbeitsauftrag vermittelt, wie sie sich während der Auftragsumsetzung verhält und wie der Mitarbeiter den Auftrag umsetzt. Nach ca. 15 bis 20 Minuten nimmt der Mitarbeiter seine Augenbinde wieder ab und die Ergebnisse der Übung werden in mehreren Feedbackrunden besprochen:

Das erste Feedback kommt vom Mitarbeiter. Als Anregung oder Hilfestellung kann der Trainer hier z.B. folgende Fragen stellen: Wie hat der Mitarbeiter sich mit der Aufgabe gefühlt? Fühlte er sich von seinem Vorgesetzten gut vorbereitet? Hatte er genügend Informationen? Konnte er nachfragen? Hatte er Freiraum für die Umsetzung? Was hätte er sich von seinem Vorgesetzten anders gewünscht? Ist er mit seinem Arbeitsergebnis zufrieden? Was würde er beim nächsten Mal in einer vergleichbaren Situation anders machen?

Das zweite Feedback ist das des Vorgesetzten. War er zufrieden mit dem Arbeitsauftrag, den er gestellt hat? Wie ging es ihm, als ein blinder Mitarbeiter den Auftrag umgesetzt hat? Ist er mit dem Arbeitsergebnis zufrieden? Was hätte er sich von seinem Mitarbeiter anders gewünscht? Was würde er beim nächsten Mal in ähnlicher Situation anders machen?

Und das dritte Feedback kommt schließlich von den Beobachtern: Was haben sie bei der Führungskraft beobachtet? Was beim Mitarbeiter? Was ist besonders gut gelungen in den verschiedenen Rollen? Welche Anregungen haben sie für beide Rollen?

Wirkung

Diese Übung ist hochinteressant und aufschlussreich. Führungskommunikation, Delegation, Verantwortung und auch Vertrauen werden aus gleich drei Blickwinkeln reflektiert. Jede Rolle darf bewerten, wird aber auch gleichzeitig bewertet.

Ortrud Tornow

Wer ist hier die Führungskraft?

Zweck: die Macht der inneren Einstellung und ihre Ausstrahlung verstehen

Dauer: ca. 10 bis 20 Minuten

Anzahl der Teilnehmer: mind. 7

Beschreibung

Die TN sitzen mit geschlossenen Augen in einem Stuhlkreis. Der Trainer geht außen herum und bestimmt durch Antippen eine „Führungskraft". Die TN dürfen nun die Augen wieder öffnen. Vom Trainer wird eine Diskussion über ein beliebiges Arbeitsthema gestartet. Die TN versuchen durch Beobachtung der anderen, vor allem anhand deren Körpersprache und Präsentation, zu erkennen, wer die vom Trainer bestimmte Führungskraft ist.

Wirkung

Der Köper spricht immer! Meistens ist den TN nicht bewusst, welche Wirkung Titel, Positionen und die eigene innere Einstellung auf ihr Auftreten und Verhalten haben. „Führen" kann auch ohne Worte durch Persönlichkeit und Ausstrahlung zum Ausdruck kommen.

Ortrud Tornow

Der Außenseiter

Zweck: neue Mitarbeiter und Außenseiter integrieren

Dauer: ca. 10 bis 20 Minuten

Anzahl der Teilnehmer: mind. 7

Beschreibung

Der Trainer wählt einen sehr selbstbewussten TN der Gruppe aus. Seine Aufgabe: Er soll einen neuen Mitarbeiter spielen, der sich seinen künftigen Kollegen vorstellt. Der TN wird kurz vor die Tür geschickt. Der Trainer bespricht in dieser Zeit die Vorgehensweise mit den übrigen TN: Die Anwesenden sollen durch den Raum gehen, sich begrüßen, Small Talk halten und sich die Hände schütteln. Wenn der „Neue" den Raum betritt und versucht seiner Rolle entsprechend auf die anderen TN zuzugehen und mit ihnen ins Gespräch zu kommen, sollen sie ihn ignorieren. Sie sollen ihn nicht begrüßen, und jedem Kontaktversuch von ihm aus dem Weg gehen.

Wirkung

Wie fühlt sich ein Außenseiter oder „Neuer", der von den Kollegen kalt gestellt wird? Diese Übung macht die TN oft sehr betroffen. Die meisten sind sich ihrer Verhaltensweisen in der Hektik der täglichen operativen Geschäfte gar nicht bewusst. Führungskräfte und Teamleiter werden durch dieses Rollenspiel sehr nachhaltig für die Themen „Ausgrenzung" und „Integration" sensibilisiert.

Ortrud Tornow

Bergung in höchster Not

Zweck: meistern komplexer Situationen im Team und in der Führung

Dauer: ca. 90 Minuten

Anzahl der Teilnehmer: mind. 14

Hilfsmittel: pro Team zwei lange Seile, ein Fahrradschlauch, vier Paar dicke Arbeitshandschuhe, einen Eimer, vier Augenbinden und ein mit Wasser gefülltes Weizenbierglas

Beschreibung

Die Gruppe wird in Teams eingeteilt. Jedes Team besteht aus einem Teamleiter, zwei bis vier Supervisoren und vier ausführenden Personen, den Operatoren. Auf den Boden wird pro Team je ein Seil in Kreisform ausgelegt. In die Mitte wird ein Eimer so aufgestellt, dass seine Öffnung nach unten zeigt. Das voll mit Wasser gefüllte Weizenbierglas wird auf den Boden des umgedrehten Eimers gestellt. Der Abstand zwischen Glas und Kreisrand sollte ca. 1,5 Meter betragen. Außerhalb des Kreises werden ein Fahrradschlauch und ein weiteres Seil als Hilfsmittel platziert. Die Operatoren müssen nun die Arbeitshandschuhe anziehen. Dann werden ihnen die Augen verbunden.

Die Aufgabe der Operatoren ist es, das Glas aus dem Kreis zu bergen, ohne Wasser zu verschütten. Die Aufgaben des Teamleiters und der Supervisoren bestehen darin, die Operatoren anzuleiten.

Folgende Regeln müssen dabei eingehalten werden:

- Die Kreisfläche darf von keinem TN betreten werden.

- Nur der Fahrradschlauch und das Seil dürfen als Hilfsmittel verwendet werden, nichts anderes.

- Das Wasserglas darf einzig und allein mit dem Fahrradschlauch und den Seilen berührt werden.

- Alle Hilfsmittel dürfen nur von den Operatoren benutzt werden. Während der gesamten Übung müssen diese die Augenbinden und Arbeitshandschuhe tragen und werden vom Teamleiter und den Supervisoren angeleitet.

Dasjenige Team, dem es gelingt, das Wasserglas am schnellsten zum Rand des Kreises zu ziehen, hat gewonnen.

Variante: Das Spiel ist auch mit nur einem Team durchführbar.

Wirkung

Diese Übung führt zu einer interessanten Eigendynamik in den Teams: Wer beteiligt sich aktiv am Lösungsprozess und wie kommt es letztendlich zur Lösung? Findet überhaupt ein Austausch zwischen den Beteiligten statt? Wie verhält sich die Führung? Nur durch gezielte Kommunikation und enge Zusammenarbeit aller Ebenen, lässt sich diese komplexe Aufgabe lösen. Die TN müssen sich aufeinander verlassen können und lernen als Team zu arbeiten. Natürlich wird auch der sportliche Ehrgeiz geweckt, an dieser Aufgabe nicht zu scheitern. Aber auch der Umgang mit Misserfolgen ist eine wichtige Erfahrung.

Ortrud Tornow

Druck erzeugt Gegendruck

Zweck: Sensibilisierung für das Thema Druck und Gegendruck

Dauer: ca. 2 Minuten

Anzahl der Teilnehmer: unbegrenzt, gerade Anzahl

Beschreibung

Die TN finden sich paarweise zusammen und stehen sich gegenüber. Die Paare einigen sich darauf, wer im Spiel „A" und wer „B" ist. Der Trainer weist die As an, die rechte Hand zu heben. Die Bs sollen die linke Hand heben. Beide Partner sollen die Handflächen aneinander halten. Jetzt bittet der Trainer die Bs, mit der Hand fest gegen die Hand des Partners zu drücken.

Wirkung

Sobald die Bs anfangen zu drücken, drücken die As automatisch dagegen. Das war aber gar nicht die Aufgabe. Sie sollten lediglich ihre Hände hoch halten und hätten eigentlich nachgeben müssen, sobald der Druck kommt. Spielerisch lernen die TN so:

Druck erzeugt automatisch Gegendruck!

Im Geschäftsleben macht sich dieses Prinzip an vielen Stellen bemerkbar. Kritik am Gegenüber wird meist mit Sätzen kommentiert, wie „Da haben Sie nicht richtig zugehört ...", „Sie nehmen sich ja nie Zeit...", „Sie haben mir das Memo nicht zukommen lassen..." Die Übung eignet sich besonders, wenn es um das Beschwerdemanagement oder um Führungsthemen geht.

Ortrud Tornow

Stabchaos

Zweck: gemeinsam eine Aufgabe lösen

Dauer: ca. 10 bis 30 Minuten

Anzahl der Teilnehmer: 4 bis 30

Hilfsmittel: leichter langer Stab oder Bambusrohr

Beschreibung

Die TN stellen sich in zwei Reihen mit dem Gesicht zueinander auf. Sie halten jeweils die Zeigefinger etwa auf Hüfthöhe gestreckt zum gegenüberstehenden Partner. Der Trainer legt jetzt den Stab bzw. das Bambusrohr über die ausgestreckten Zeigefinger. Der Stab darf nicht von oben festgehalten werden. Die Zeigefinger müssen immer alle im Kontakt mit dem Stab sein.

Die Aufgabe: Die TN sollen den Stab gemeinsam sanft auf dem Boden ablegen, sobald der Trainer den Stab loslässt.

Was sich leicht anhört, stellt sich ziemlich schnell als sehr schwierig heraus. Anstatt sich langsam in Richtung Boden zu bewegen, kippt der Stab meist auf einer Seite nach oben und rutscht so von den Zeigefingern.

Variante: Wenn Sie später das Thema Feedback platzieren möchten, macht es Sinn, im Vorfeld zwei Beobachter zu definieren, die das Ganze von außen betrachten.

Es entstehen heftige Debatten, man macht sich gegenseitig Vorwürfe und ein wildes Durcheinander beginnt. Auch die

Folgeversuche scheitern, solange niemand aus der Gruppe zur Erkenntnis kommt, dass z.B. nur einer Kommandos geben sollte.

Je nach Zeitfenster greift der Trainer ein. Er empfiehlt, die Arbeit zur Seite zu legen und zunächst eine Projekt- bzw. Teambesprechung zu halten. Die Gruppe erarbeitet in einem kurzen Brainstorming-Prozess eine mögliche Vorgehensweise und startet dann erneut. Wenn nicht genügend kommuniziert wurde und keine konkreten Regeln und Vorgehensweisen abgesprochen wurden, wird es erneut nicht gelingen, den Stab zu beherrschen.

Erst wenn die Rollen klar formuliert und verteilt sind, wird es funktionieren. So muss z.B. feststehen, wer welche Anweisungen geben darf. Es muss auch klar sein, dass die anderen die Anweisungen zu befolgen haben.

Wirkung

Diese Übung ist geeignet, wenn Teamentwicklung, Teamkommunikation, Führung und Projektmanagement Themen des Workshops bzw. Seminars sind. Die TN stellen schnell fest: Je schlechter die Kommunikation im Team läuft, z.B. mittels Vorwürfen, Du-Botschaften, und je mehr die sachliche Ebene ausgeblendet wird und wild durcheinander gerufen wird, desto unwahrscheinlicher ist der Erfolg.

Ortrud Tornow

Das fliegende Ei

Zweck: zielorientierte Teamarbeit, erkennen individueller Stärken sowie Potenziale und Defizite, wahrnehmen unterschiedlicher Rollen in Teams

Dauer: ca. 90 bis 120 Minuten

Anzahl der Teilnehmer: 8 bis 24, Kleingruppen à 4 bis 6 Personen

Hilfsmittel: pro Team zwei Scheren, ein Lineal, ein Bogen kartoniertes Papier DIN A4, 2 Bögen Flipchart-Papier, eine Tube Klebstoff, ein rohes Ei, ein Aufgabenblatt, ein Bewertungsblatt je Jurymitglied

Vorbereitung: Pro Team muss ein Aufgabenblatt mit den Spielregeln vorbereitet werden (zu den Inhalten siehe Beschreibung).

Für die anschließende Präsentation und Bewertung der gebauten Fluggeräte sollten 2 bis 7 neutrale Personen vorab gebeten werden, sich als Jurymitglieder zur Verfügung zu stellen. Das können z. B. Passanten oder Hotelgäste sein. Für jedes Jury-Mitglied muss ein Bewertungsbogen mit folgendem Inhalt vorbereitet werden:

Name des Jurymitglieds: _____

Die Fluggeräte werden nach folgenden Kriterien mit Hilfe einer Punkteskala von 1 bis 6 bewertet. 1 bedeutet sehr gut, 6 steht für sehr schlecht.

	Team 1	Team 2	Team 3	Team 4
Präsentation (Originalität und Professionalität)				
Design/Ästhetik				
Flugverhalten				
Zustand des Eis nach der Landung				

Beschreibung

Es werden Teams von 4 bis 6 Personen gebildet. Jedes Team erhält die vorbereiteten Materialien: zwei Bögen Flipchart-Papier, Klebstoff, ein rohes Ei, das kartonierte Papier, zwei Scheren, ein Lineal und das Aufgabenblatt. Damit nicht die Möglichkeit besteht, Ideen von der Konkurrenz aufzugreifen, werden die einzelnen Teams räumlich voneinander getrennt.

Die Aufgabe: Jedes Team soll ein Fluggerät für ein rohes Ei konstruieren. Dabei sind ausschließlich die vorgegebenen Materialien zu benutzen. Papier und Karton dürfen in Streifen von maximal 3 cm Breite zerschnitten werden. Es darf keine Manipulation am Ei stattfinden: Ausblasen, Abkochen oder Ankleben führt zur sofortigen Disqualifikation des Teams. Jedes Team denkt sich einen Namen für die Flugmaschine aus.

Die Planung und Realisierung des Projekts muss innerhalb von 90 Minuten abgeschlossen sein. Anschließend haben die Gruppen 5 Minuten Zeit, ihre Flugmaschinen den anderen TN und der Jury zu präsentieren. Der krönende Abschluss: die Flugshow! Jede Gruppe schickt dazu ihr Fluggerät auf den

„Jungfernflug". Idealerweise werden die Flugzeuge z. B. aus einem der oberen Stockwerke fliegen gelassen. Es reicht dabei aus, wenn zwei TN je Gruppe nach oben gehen. Die restlichen beobachten das Ganze dann von unten. Im Anschluss daran werden die einzelnen Objekte von der Jury mit Hilfe des vorbereiteten Bewertungsblattes (s. o.) beurteilt.

Variante: Zur Auswertung und Nachbearbeitung der Aufgabe kann der Trainer im Anschluss an die Übung den einzelnen TN einen vorbereiteten Fragenkatalog übergeben, mit der Bitte, diesen innerhalb von 15 Minuten zu beantworten und anschließend im Team zu besprechen. Beispiele für mögliche Fragen:

- Wie haben Sie die Zusammenarbeit erlebt?
- Welche Teamrollen haben Sie wahrgenommen?
- Wie haben Sie Ihre Rolle erlebt?
- Was haben Sie über konstruktive Teamarbeit erfahren?
- Was waren die Stärken Ihres Teams?
- Was würden Sie in Zukunft anders machen?
- Was wäre eine noch bessere Vorgehensweise gewesen?

Wirkung

Bei diesem Spiel stehen vor allem der Spaß und die Kreativität im Vordergrund und nicht das Gewinnen. Es ist eine hervorragende Übung für Teamtrainings und neu gegründete Projektteams, die sich so spielerisch auf ihre Aufgaben und ihre Zusammenarbeit vorbereiten. Das Spiel ist auch bei Kreativitätsseminaren einsetzbar.

Ortrud Tornow

Aktivierung

Haben Sie manchmal das Gefühl, dass die Teilnehmer durch Sie hindurchschauen? Und haben Sie auch schon einmal gedacht: Oh je, da fängt ja einer schon an zu gähnen!

Viele Seminar- oder Workshopleiter fürchten diese Situation, denn jetzt gilt es, die Teilnehmer zu aktivieren. Bringen Sie doch einfach ein bisschen Bewegung in die Gruppe, im wahrsten Sinne des Wortes. Auch bei einem längeren Meeting, das etwas stockt, können diese Spiele sehr belebend wirken.

Meteoritenhagel

Zweck: Aktivierung von Körper und Gehirn, Lösung von Blockaden

Dauer: ca. 10 Minuten

Anzahl der Teilnehmer: 4 bis 12

Hilfsmittel: Bälle, idealerweise Koosh-Bälle (das sind besondere Bälle, die aus bunten Gummifäden bestehen. Bezugsmöglichkeiten finden Sie im Abschnitt „Adressen für den Bezug von Hilfsmitteln".)

Beschreibung

Variante 1 (leicht): Die TN stehen im Kreis. Ein Ball wird zunächst in einer willkürlichen Reihenfolge von Spieler zu Spieler geworfen. Jeder muss sich merken, von wem er den Ball erhalten hat (Absender) und an wen er den Ball weitergegeben hat (Empfänger). Das wird noch mal in zwei Proberunden ausprobiert. Nun folgen mehrere Durchläufe, bei denen das Tempo zunehmend gesteigert werden kann.

Variante 2 (mittel): Sobald sich der Weg des Balls „gefestigt" hat, kann ein zweiter, dritter oder vierter Ball ins Spiel gebracht werden (siehe Skizze auf der nächsten Seite).

Variante 3 (schwer): Während der Ball oder gar mehrere Bälle in die „gewohnte" Richtung geht/gehen, wird gleichzeitig ein Glas Wasser von TN zu TN gereicht. Das mag schwierig klingen, funktioniert aber tatsächlich. Alternativ oder auch zusätzlich können die TN hinter ihrem Rücken ein Seidentuch im Uhrzeigersinn weiterreichen.

Bei schönem Wetter kann die Übung im Freien durchgeführt werden.

Wirkung

Indem sie sich bewegen, können die TN die vom vielen Sitzen angespannten Muskeln lockern und Sauerstoff tanken. Die Konzentration auf die Fragen, die sich jeder TN unbewusst stellt „Woher kam der Ball?" und „Wohin geht der Ball" aktiviert automatisch beide Gehirnhälften. Eventuell vorhandene Lern- und Aufnahmeblockaden können gelöst werden.

Susanne Beermann und Monika Schubach

Spiegeln

Zweck: Energieaufbau, besonders geeignet, wenn sich Zweierteams innerhalb einer Gruppe aufeinander einstellen sollen

Dauer: ca. 10 Minuten

Anzahl der Teilnehmer: unbegrenzt, gerade Anzahl

Hilfsmittel: evt. Musik im Hintergrund: ruhige Musik zur Konzentration oder rhythmische Musik zum Energieaufbau

Beschreibung

Die TN stehen sich paarweise gegenüber. Bei jedem Paar übernimmt einer die Rolle des Spiegels, der andere bleibt Mensch. Nun beginnt der Mensch, sich im Spiegel zu betrachten, sich zu kämmen, seine Kleidung zu richten. Der Spiegel versucht, ein perfektes Spiegelbild abzugeben, d.h. die Bewegungen nachzumachen. Nach einigen Minuten werden die Rollen getauscht.

Variante für den Fremdsprachenunterricht: Der Trainer macht Vorgaben zum Einüben/Festigen von Verb-Substantiv-Kollokationen, d.h. Wortpaaren, die relativ häufig vorkommen (z.B. ein Essen vorbereiten, die Zähne putzen, das Haar kämmen); die TN setzen diese pantomimisch um.

Wirkung

Die Partner müssen sich gut aufeinander einstellen, was zu konzentriertem Energieaufbau führt.

Marcus Koch

Berg und Tal

Zweck: körperliche Bewegung, Anregung der Fantasie

Dauer: ca. 15 Minuten

Anzahl der Teilnehmer: unbegrenzt

Vorbereitung: eine Geschichte ausdenken, in der viele Menschen sich auf einer großen Wanderung befinden, es sollten die Wörter „Berg" und „Tal" vorkommen

Beschreibung

Der Trainer beginnt, die Geschichte zu erzählen. Die TN stehen im Raum verteilt und führen die Bewegungen, die der Kursleiter erwähnt, aus, z.B. über eine Brücke gehen, einige Stufen hochsteigen, Picknick machen usw. Fällt das Wort „Berg", müssen alle TN so schnell wie möglich auf eine höhere Ebene kommen, z.B. einen Stuhl besteigen oder auf einen Tisch klettern. Wer zuletzt auf dem Boden stehen bleibt, erzählt die Geschichte weiter. Beim Wort „Tal" müssen alle sich auf den Boden setzen. Wer zuletzt sitzt, darf nun die Geschichte fortsetzen.

Wirkung

Diese Übung verbindet körperliche Aktivität und Fantasie. Nebenbei erfahren die TN, dass jeder Erzählende in der Lage ist, durch seine eigene Kreativität eine gewisse Zeit lang eine Gruppe zu führen.

Susanne Beermann

Kalimba de Luna

Zweck: körperliche Bewegung, Koordination der Bewegung mit Körperkontakt

Dauer: ca. 10 Minuten

Anzahl der Teilnehmer: unbegrenzt

Hilfsmittel: „Kalimba de Luna" von Tony Esposito oder eine andere rhythmische Musik

Beschreibung

Die TN stehen im Kreis. Der Trainer führt zum Rhythmus der Musik die Bewegungen vor, alle machen es ihm nach:

- rechte Hand vor und winken
- linke Hand vor und winken
- rechte Hand an linke Wange
- linke Hand an rechte Wange
- rechte Hand an Schulter des linken Nachbarn
- linke Hand an Schulter des rechten Nachbarn
- rechte Hand an Hüfte des linken Nachbarn
- linke Hand an Hüfte des rechten Nachbarn
- rechte Hand an Knie des linken Nachbarn
- linke Hand an Knie des rechten Nachbarn
- rechte Hand an Knöchel des linken Nachbarn
- linke Hand an Knöchel des rechten Nachbarn

Natürlich alles im Takt der Musik! Anschließend beginnt das Ganze wieder von vorne – so viele Runden, wie Sie mögen.

Wirkung

Der Kreislauf wird angeregt, eventuell vorhandene Aufnahmeblockaden lösen sich so, beide Gehirnhälften werden durch die Konzentration auf die richtige Reihenfolge der einzelnen Bewegungen aktiviert – und nicht zuletzt: Es wird sehr viel gelacht, was die Gruppe einander näher bringt und entspannt.

Marcus Koch

Pflaumen pflücken

Zweck: körperliche Bewegung ohne Körperkontakt

Dauer: ca. 10 Minuten

Anzahl der Teilnehmer: unbegrenzt

Hilfsmittel: schwungvolle Musik (z.B. aus dem Soundtrack von „Jenseits der Stille": Lied 11, „Roter Salon")

Beschreibung

Die TN stehen im Kreis, die Füße schulterbreit auseinander. Der Kursleiter fordert die TN auf, sich einen Pflaumenbaum voller Früchte vorzustellen. Im Rhythmus der Musik zeigt er, wie das Pflaumenpflücken geht, und die TN machen es ihm nach:

- zweimal oben rechts
- zweimal oben links
- zweimal unten rechts
- zweimal unten links

Bei der Fülle der Pflaumen wurden jedoch einige Früchte übersehen, von daher noch mal von vorn:

- einmal oben rechts
- einmal oben links
- einmal unten rechts
- einmal unten links

Anschließend schlagen sich alle voller Freude über die reiche Ernte mit der rechten Hand auf den linken Schenkel, dann mit der linken Hand auf den rechten Schenkel, schließlich mit beiden Händen auf die Pobacken und klatschen einmal mit den Händen, bevor es in die nächste Pflückrunde geht, also: zweimal oben rechts usw.

Wirkung

Der Kreislauf kommt in Schwung, Blockaden werden gelöst, das Gehirn wird angeregt.

Marcus Koch

Schnippen und Klatschen

Zweck: leichte, körperliche Bewegung, Konzentration, Gemeinschaftserlebnis

Dauer: ca. 10 Minuten

Anzahl der Teilnehmer: beliebig

Beschreibung

Die TN sitzen in einem Stuhlkreis oder -halbkreis. Ein TN beginnt zu zählen, sagt also 1, der nächste TN macht weiter mit 2 usw. Jeder merkt sich seine Zahl. Danach sollen alle gleichzeitig folgende Bewegungen machen (Proberunde):

- mit beiden Händen auf die Oberschenkel klatschen
- mit der rechten Hand schnippen
- mit der linken Hand schnippen
- mit beiden Händen auf die Oberschenkel klatschen

usw.

Wenn der Bewegungsablauf sitzt, beginnt das eigentliche Spiel: Alle klatschen sich auf die Oberschenkel. Ein TN nennt beim ersten Schnippen (rechte Hand) seine eigene Zahl, beim zweiten Schnippen (linke Hand) eine beliebige Zahl, die ein anderer TN in der Gruppe hat. Jetzt ist dieser an der Reihe und sagt seine eigene Zahl beim ersten Schnippen, eine beliebige Zahl beim zweiten Schnippen. Alle TN klatschen und schnippen im selben Rhythmus mit.

Kommt ein TN durcheinander, muss er selbst wieder reinfinden oder – alternativ – das Spiel beginnt von vorn. Achten Sie darauf, dass das das Spiel nicht unterbrochen wird, wenn einem der TN ein Fehler unterläuft. Dies könnte nämlich von der Gruppe als „Kollektivstrafe" empfunden werden und demotivierend wirken.

Das Ganze geht einige Runden lang, mindestens so lange, bis jeder TN einmal dran war.

Wirkung

Bei diesem Spiel werden die rechte und die linke Gehirnhälfte trainiert. Es eignet sich sehr gut, um TN in einer müden Phase „aufzuwecken". Ein guter Zeitpunkt hierfür ist nach einer Pause.

Susanne Beermann

Tante Jo

Zweck: leichte Bewegung, Spaß, Konzentration

Dauer: ca. 20 Minuten

Anzahl der Teilnehmer: beliebig

Beschreibung

Die TN sitzen in einem Stuhlkreis. Der Spielleiter fragt seinen rechten Stuhlnachbarn: „Kennen Sie Tante Jo?" Dieser verneint. Der Trainer sagt darauf: „Tante Jo macht immer so!" und hebt dabei drohend den rechten Zeigefinger. Der Nachbar gibt die Frage nach rechts weiter, dieser TN fragt wiederum seinen rechten Nachbarn usw., bis die Frage wieder beim Kursleiter angelangt ist. Jetzt verrät der Trainer eine weitere Eigenart von Tante Jo, z.B. Augenzwinkern. Er hebt also bei dem Satz „Tante Jo macht immer so" gleichzeitig den Zeigefinger und zwinkert mit den Augen. Bei jeder Runde kommt eine Bewegung hinzu, z.B. Lippenschürzen, Naserümpfen oder Kopfschütteln. Jedes Mal werden die vorhergehenden Eigenarten wiederholt. Zum Schluss sitzt die Gruppe nickend, wippend, zappelnd und natürlich lachend in der Runde.

Wirkung

Dieses Spiel sorgt durch viele unterschiedliche lustige Bewegungen für Lockerheit und Heiterkeit, fördert jedoch gleichzeitig die Konzentration.

Susanne Beermann

Keine Angst vor Mäusen

Zweck: kurze, schnelle Aktivierung, z.B. zwischen Themen-blöcken

Dauer: ca. 2 bis 3 Minuten

Anzahl der Teilnehmer: beliebig

Beschreibung

Die TN stehen im Kreis. Der Kursleiter wendet sich seinem linken Nachbarn zu, schaut ihn an und klatscht in die Hände. Dieser wendet sich wiederum an seinen linken Nachbarn und macht das Gleiche usw. Bei jeder Runde erhöht man die Geschwindigkeit.

In der dritten oder vierten Runde bringt der Kursleiter zusätz-lich eine „Maus" ins Spiel. Vor Mäusen haben die meisten Menschen Angst; daher springen sie mit einem Lauten „Ihhh" in die Luft.

Der Seminarleiter wendet sich seinem linken Nachbarn zu, schaut ihn an, klatscht zunächst in die Hände, schreit „Ihhh" und springt dabei mit beiden Beinen in die Luft. Der Ange-sprochene wendet sich wiederum an seinen linken Nachbarn und macht das Gleiche usw.

Variante: Noch mehr Konzentration und Aktivität wird von den einzelnen TN gefordert, wenn das Klatschen und Springen getrennt voneinander weitergegeben werden. Das bedeutet, ein TN oder der Seminarleiter beginnt mit dem Klatschen und ein anderer, möglichst ihm gegenüberstehender TN bringt die Maus ins Spiel.

Wirkung

Diese Übung fördert die Konzentration und baut Energie auf. Sie bietet sich am Ende von thematischen Blöcken an, um die TN fit zu machen für das Folgende. Egal, welche Variante Sie wählen, nach fünf bis sechs Runden sind alle Teilnehmer wieder wach und aufnahmefähig.

Monika Schubach

Japanisch Knobeln

Zweck: aus sich herausgehen, Auflockerung

Dauer: ca. 10 bis 15 Minuten

Anzahl der Teilnehmer: unbegrenzt

Beschreibung

Die TN teilen sich in zwei Gruppen auf und spielen eine Variante des bekannten Spiels „Schere, Stein, Papier" – auch bekannt als „Ching, Chang, Chong".

Statt Schere, Stein, Papier mit den Fingern zu symbolisieren, gibt es hier verschiedene Figuren, die es schauspielerisch darzustellen gilt:

- einen Samurai, der einen Ausfallschritt macht, das imaginäre Schwert über den Kopf hebt und schreit,
- einen Tiger, der sich groß macht, seine Krallen zeigt und zum Sprung ansetzt,
- eine Oma, die mit kleinen Trippelschritten durch den Raum läuft und dabei drohend den Zeigefinger hebt.

Die Regeln lauten:

- Samurai erlegt Tiger = Samurai gewinnt
- Tiger frisst Oma = Tiger gewinnt
- Oma schimpft Samurai = Oma gewinnt

Die Teams ziehen sich jedes für sich kurz zurück, um sich für eine Figur zu entscheiden. Dann treten beide Teams gegeneinander an: Auf Kommando des Trainers übt jeder Teilnehmer eines Teams gleichzeitig die verabredete Rolle aus. Der Samurai macht einen Schritt vorwärts, hebt das Schwert über den Kopf und schreit. Der Tiger macht sich groß, zeigt seine Krallen und setzt zum Sprung an. Die Oma läuft in kleinen Schritten und hebt den Zeigfinger. Der Trainer verkündet den Sieger und schreibt ihm einen Punkt gut. Danach beginnt das Spiel von vorn. Am Ende werden die Punkte zusammengezählt; das Team mit dem größten Punkteguthaben gewinnt.

Wirkung

Diese Übung tut den TN gut, wenn sie lange sehr ernsthaft gearbeitet haben oder wenn sich gerade Momente kreativer Unruhe abzeichnen. Sie lässt die TN kurz Kind mit Freude an Spaß und Ausgelassenheit sein. Weniger geeignet ist die Übung in so manchem Businesstraining, da sich hier die TN evt. nicht auf diese Ausgelassenheit einlassen wollen.

Ortrud Tornow

Konzentration

Ausdauersport führt dem Körper vermehrt Sauerstoff zu und fördert dadurch die Konzentrationsfähigkeit. Leider haben wir während einer Konferenz oder in einem Seminar nicht die Zeit für sportliche Aktivitäten. Wir müssen also zu anderen Mitteln greifen. Übungen und Spiele, die mit Bewegung und gezielter Aktivierung des Gehirns verbunden sind, steigern die Konzentrationsfähigkeit der Teilnehmer. Und darüber hinaus machen sie auch noch Spaß!

Ballonfahrt

Zweck: Konzentration, Aktivierung des Gehirns

Dauer: ca. 10 Minuten

Anzahl der Teilnehmer: mind. 6, nach oben unbegrenzt

Hilfsmittel: zwei Luftballons oder leichte Papierbälle

Beschreibung

Die TN stehen im Schulterschluss im Kreis und halten die Hände auf Brusthöhe nach innen. Die Handflächen zeigen nach oben. Ein kleiner Papierball oder Luftballon wird nun auf diese Händestraße geschickt und vorsichtig von Hand zu Hand weitergereicht. Wenn Sie einige Runden „gefahren" sind, wechseln Sie einmal die Richtung. Witzig wird es dann, wenn ein zweiter Ball ins Spiel kommt. Nun können die Bälle entweder in entgegengesetzte Richtungen laufen oder ein Ball versucht – bei gleicher Laufrichtung –, den anderen einzuholen. Nach der letzten Spielrunde schütteln alle TN ihre Arme aus.

Wirkung

Beide Gehirnhälften werden durch die Konzentration auf die unterschiedlichen Aufgabenstellungen angeregt. Die Übung fördert die Gruppenzusammengehörigkeit insofern, dass kein TN alleine das Ziel erreichen kann. Es bedarf der Abstimmung untereinander.

Marcus Koch

Ballontreiben

Zweck: Bewegung mit Lern- oder Brainstorming-Effekt

Dauer: ca. 10 Minuten oder länger

Anzahl der Teilnehmer: mind. 4

Hilfsmittel: Luftballons

Beschreibung

Die Gruppe steht im Kreis. Nun wird ein Ballon mit dem Zeigefinger im oder gegen den Uhrzeigersinn herumgestupst – aber nicht „brav" der Reihe der TN nach, sondern kreuz und quer. Jeder TN, der den Ball berührt, muss zusätzlich aktiv werden: Etwa sagt die Gruppe das Alphabet oder unregelmäßige Verben auf (Fremdsprachen-Unterricht) oder alle „brainstormen" zu einem Thema des Seminars oder Meetings usw. Die Einsatzmöglichkeiten sind unbegrenzt.

Wirkung

Dieses Spiel kann immer nach einer längeren rezeptiven Phase eingesetzt werden, wenn deutlich wird, dass sich die Kursteilnehmer oder Zuhörer nicht mehr richtig konzentrieren können. Diese Übung wird vor allem von kinästhetischen Lernern gerne angenommen, also Personen, die neues Wissen am besten über und mit Bewegung aufnehmen. Gleichzeitig festigt das Spiel neue Inhalte, Lösungen werden spielerisch „erarbeitet". Es bringt auf jeden Fall jede Menge Spaß und Bewegung in den Seminarraum.

Marcus Koch

Ich sitze im Garten

Zweck: Konzentration

Dauer: ca. 12 Minuten

Anzahl der Teilnehmer: 6 bis 18

Beschreibung

Die Gruppe sitzt im Kreis, der Stuhl links neben dem Trainer ist frei. Dieser setzt sich auf den freien Platz und sagt: „Ich sitze -" Der ursprünglich rechts neben dem Kursleiter sitzende TN rückt nach und sagt z. B. „im Garten". Der dritte TN (Nachbar des zweiten) rückt auf und vervollständigt den Satz, etwa mit: „und warte auf Sabine (Name eines Gruppenmitglieds)". Dieser TN steht auf und setzt sich auf den freien Stuhl (siehe Skizze). Dadurch, dass der gerufene TN aufsteht, wird ein neuer Platz frei. Die Nachbarn rechts und links des freien Stuhls versuchen nun schnell, diesen zu besetzen. Wer zuerst auf diesem Stuhl sitzt, beginnt wieder mit: „Ich sitze" und zieht seine beiden Nachbarn mit sich, so dass das Spiel von vorne beginnt. Ort und Person wechseln dann natürlich („ich sitze ... auf dem Marktplatz ... und warte auf Edwin").

In aller Regel bedarf es einiger Runden, bis die TN den Ablauf des Spiels gut begriffen haben; sobald das jedoch passiert ist, gewinnt das Spiel an Geschwindigkeit.

Wirkung

Das Spiel fördert die Konzentration und energetisiert. Es ist außerdem gut geeignet, um bei Beginn eines Seminars die Namen zu festigen. Und nicht zuletzt ist natürlich der Spaßfaktor ist garantiert.

Marcus Koch

Hallo-Klatscher

Zweck: leichte Bewegung, Konzentration auf die Koordination von Bewegungen und Sprache

Dauer: ca. 15 Minuten

Anzahl der Teilnehmer: gerade Anzahl, idealerweise durch 4 teilbar

Beschreibung

Die TN stehen sich paarweise gegenüber. Folgendes Klatsch-muster sollen sie sich einprägen:

- zweimal auf die Oberschenkel klopfen (= Teil A)
- zweimal in die Hände klatschen (= Teil B)
- zweimal sich die Hände geben und schütteln und dabei HAL-LO sagen (= Teil C)
- zweimal mit den Füßen stampfen (= Teil D)

Das Tempo bestimmen die TN selbst; es empfiehlt sich, etwas langsamer zu beginnen, in aller Regel wird das Tempo dann von alleine deutlich schneller. Wenn der Rhythmus gut einge-übt ist, stellen sich die Paare in Vierergruppen im Kreis zusammen, wobei sich die ursprünglichen Paare immer kreuz-weise gegenüberstehen. Das erste Paar beginnt mit Teil A und Teil B. Sind sie bei Teil C angekommen, steigt das zweite Paar mit Teil A ein. Das Prinzip ist also das eines Kanons bzw. einer Fuge (Musik), siehe die Übersicht der parallel laufenden Teile auf der nächsten Seite.

Variante: Ersetzen Sie das HAL-LO durch andere zweisilbige Begrüßungsformeln (Bon-jour, ho-la usw.).

Paar 1	Paar 2
A: Oberschenkel	
B: Klatschen	
C: Hallo	A: Oberschenkel
D: Stampfen	B: Klatschen
A: Oberschenkel	C: Hallo
B: Klatschen	D: Stampfen
C: Hallo	A: Oberschenkel
D: Stampfen	B: Klatschen
usw.	usw.

Wirkung

Beide Gehirnhälften werden durch die Konzentration auf die
richtige Reihenfolge der einzelnen Bewegungen trainiert. Das
Spiel regt den Kreislauf an, die Bewegung sorgt für eine gute
Sauerstoffzufuhr. Die Übung macht Spaß, erfrischt die TN und
schafft eine aufgelockerte Atmosphäre.

Marcus Koch

1 – 2 – 3

Zweck: hohe Konzentration, Spaß

Dauer: ca. 10 Minuten

Anzahl der Teilnehmer: gerade Anzahl, unbegrenzt

Beschreibung

1   Die TN stehen sich paarweise gegenüber und zählen immer abwechselnd von 1 bis 3.

2   Nun wird die 1 beim Zählen durch eine lustige Körperbewegung ersetzt, die die Paare selbst bestimmen (z.B. in die Hände klatschen). Jedes Paar entscheidet sich für eine eigene Bewegung. Der Ablauf ist jetzt folgender: Bewegung – 2 – 3; Bewegung – 2 – 3.

3   Schließlich werden auch die Zahlen 2 und 3 sukzessive durch eine Bewegung ersetzt (z.B. für die 2 den rechten Fuß hochheben), so dass die gesamte Übung am Ende nonverbal abläuft und riesigen Spaß macht.

Wirkung

Es ist verblüffend, welch hohe Konzentration diese Übung verlangt. Zwangsläufig kommt es natürlich zu Fehlern, die aber durch gemeinsames Lachen eine gute Energie in die Gruppe bringen. Die lustigen Bewegungen sind vor allem für kinästhetische Lerner eine gute Abwechslung.

Marcus Koch

Danach ist alles anders!

Zweck: Steigerung der visuellen Wahrnehmung

Dauer: ca. 10 Minuten

Anzahl der Teilnehmer: maximal 20

Hilfsmittel: Stoppuhr

Beschreibung

Die Gruppe wird in zwei Hälften geteilt, die sich in zwei Reihen mit ca. 2 Meter Abstand gegenüber stellen. Jeder hat ein Gegenüber in der anderen Reihe. Jeder hat nun eine Minute Zeit, seinen Partner genau zu betrachten und sich dessen Aussehen, besondere Merkmale usw. einzuprägen. Dann müssen sich alle um 180 Grad drehen und drei Dinge an ihrem Äußeren verändern (z.B. Brille abnehmen oder Schuhe ausziehen). Auf Kommando machen sie kehrt, und jetzt hat wiederum jeder eine Minute Zeit, die Veränderungen am Partner zu finden. Es darf dabei nicht gesprochen werden. Erst wenn der Kursleiter das Spiel beendet, dürfen sich die Partner austauschen und herausfinden, ob ihnen alle Veränderungen aufgefallen sind.

Wirkung

Das intensive Beobachten des Partners schärft die Sinne (v. a. visuell) und fördert die Konzentrationsfähigkeit. Wir setzen diese Übung daher immer dann ein, wenn danach speziell mit visuellen Materialien gearbeitet werden soll.

Monika Schubach

Obstsalat

Zweck: schnelle Reaktion, Einüben von Begriffen, deshalb auch gut im Sprachunterricht einsetzbar

Dauer: 10 bis 15 Minuten

Anzahl der Teilnehmer: mind. 8

Beschreibung

Die TN sitzen im Kreis, einer steht in der Mitte. Die TN im Kreis nennen der Reihe nach laut ihr Lieblingsobst (je unterschiedlicher, desto besser). Der TN in der Mitte zählt im Anschluss schnell zwei oder drei der genannten Sorten für einen Obstsalat auf. Diejenigen, die zuvor diese Früchte erwähnt haben, müssen nun in Windeseile ihre Plätze wechseln, wobei sich der TN aus der Mitte auch hinzusetzen versucht. Wie getauscht wird, ist dabei gleichgültig, solange jeder einen neuen Platz bekommt. Wer jetzt übrig bleibt, geht in die Mitte. Eine neue Spielrunde beginnt. Ab und zu kann der TN in der Mitte auch – statt die einzelnen Fruchtsorten aufzuzählen – „Obstsalat" rufen, dann müssen alle Spieler ihre Plätze wechseln. Das bringt noch mehr Bewegung in die Gruppe.

Alternativ zu den Obstsorten können natürlich auch Begriffe aus den behandelten Themen des Seminars oder Workshops verwendet werden, z.B. aus den Bereichen Arbeitssicherheit, Arbeitsrecht, Marketing, Vertrieb usw.

Variation für den Sprachunterricht: Anstatt Obstsorten eignen sich beispielsweise auch unregelmäßige Verben. Zur Vor-

bereitung „besetzen" Sie als Kursleiter die Stühle mit aus-
gewählten Verbformen (kleiner Zettel mit „went" oder „gone"). In diesem Fall beginnt der Spieler in der Mitte das Spiel,
indem er das Verb „go" ruft. Dann müssen die Mitspieler, die
auf den Stühlen „went" oder „gone" sitzen, die Plätze wechseln. Der Vorteil der Stühle-Etikettierung ist, dass sich die TN
nach jedem Platzwechsel auf ein neues Verb einstellen müssen.

Wirkung

Die TN müssen konzentriert folgen, um schnell reagieren zu
können. Wenn statt Fruchtsorten Fachbegriffe oder Vokabeln
eingesetzt werden, fördert diese Übung zudem das kinästhetische Lernen. Die körperliche Bewegung gibt einen Energieschub und unterstützt den Lernprozess.

Marcus Koch

Handklopfen

Zweck: Konzentration, Koordination

Dauer: ca. 15 Minuten

Anzahl der Teilnehmer: beliebig

Hilfsmittel: Tische und Stühle

Beschreibung

Die TN setzen sich um einen Tisch, der idealerweise rund ist. Bei vielen TN werden mehrere Gruppen gebildet, die sich auf verschiedene Tische verteilen. Jeder TN legt seine Hände mit den Handflächen nach unten so auf den Tisch, dass sie sich mit den Händen des Nachbarn überkreuzen, die also übereinander liegen. Dabei sind die Arme relativ nahe am Körper.

Nun muss im Uhrzeigersinn reihum mit den Händen auf den Tisch geklopft werden. Klopft ein TN zweimal, ändert sich die Richtung (jetzt gegen den Uhrzeigersinn). Auf ein Zeichen des Trainers beginnt ein TN zuerst mit seiner rechten, dann mit seiner linken Hand auf den Tisch zu klopfen. Anschließend klopft sein linker Nachbar. Dies geht so lange im Uhrzeigersinn weiter, bis ein TN zweimal klopft. Jetzt ändert sich die Richtung. Wer nicht aufpasst, also mit der falschen Hand oder zum falschen Zeitpunkt oder gar nicht klopft, muss eine Hand vom Tisch nehmen. In dem Moment, wo er auch die zweite Hand vom Tisch nehmen muss, scheidet er aus. Sieger ist derjenige, der am Schluss übrig bleibt. Das Tempo lässt sich sukzessive erhöhen, was eine zusätzliche Schwierigkeit darstellt.

Wirkung

Diese Übung erfordert eine hohe Konzentration von jedem TN. Zum einen, weil man auf die Klopfzeichen achten muss (einmal oder zweimal), zum anderen dadurch, dass durch die Anordnung der Hände überkreuz nicht sofort erkennbar ist, wann die eigene Hand an der Reihe ist. Nebenbei sorgt das Spiel auch noch für viel Spaß.

Susanne Beermann

Die Gedanken sind frei

Zweck: hohe Konzentration, Schärfung der Wahrnehmung, Kennenlernen zum Beginn eines Seminars

Dauer: ca. 20 Minuten

Anzahl der Teilnehmer: beliebig, idealerweise gerade Anzahl

Beschreibung

Die TN gehen paarweise zusammen. Nun stellt ein TN dem anderen Fragen, die dieser nur mit „Ja" oder „Nein" beantworten kann, z.B.: „Können Sie Golf spielen?"; „Waren Sie schon einmal in Argentinien?"; „Haben Sie eine Cousine?" Der Fragende achtet dabei genau auf die Mimik und die Gestik des Erwidernden. Nach insgesamt rund zehn Fragen wird das Interview nonverbal fortgesetzt. Das bedeutet, der Befragte „denkt" sich seine Antworten und der Fragende muss diese nun anhand der Körpersprache erraten. Nach jeder Frage und stillen Antwort gibt der Befragte die Auflösung. Nach etwa fünf weiteren Fragen werden die Rollen getauscht.

Wirkung

Da der Fragende die Mimik und Körpersprache des Befragten sehr genau beobachten muss, wird die visuelle Wahrnehmung hervorragend geschult.

Susanne Beermann

Kreativität

Kreativitätsspiele haben ihren Platz immer dann, wenn es darum geht, die Teilnehmer „mental" aufzulockern und ihnen Anregungen zu geben, aus den üblichen Denkschemata auszubrechen. Denn: Kreativitätsspiele wollen herausfordern, geben Mut zur Veränderung. Diese Spiele fördern und flexibilisieren deshalb das Denken. Querdenken, Gedanken, die im Kopf Karussell fahren – genau das brauchen wir, um an Probleme aus ganz unterschiedlichen Perspektiven heranzugehen und damit den Lösungsprozess gezielt zu unterstützen.

Das Abitur für Schlaumeier

Zweck: verkrampfte Situationen auflockern, eingefahrene Denkstrukturen aufbrechen, Spaß

Dauer: ca. 15 Minuten

Anzahl der Teilnehmer: unbegrenzt

Hilfsmittel/Vorbereitung: DIN A 4-Bögen mit unten angeführten Fragen für alle TN vorbereiten, Stifte

Beschreibung

Der Trainer teilt an die TN den vorbereiteten Fragebogen aus. Je nach Situation kann der Trainer diesen „Test" ernst oder lustig ankündigen. Jeder „Prüfling" hat 8 Minuten für die Bearbeitung Zeit. Danach darf er sich mit einem weiteren TN austauschen, sich mit ihm über die Ergebnisse beraten und diese ändern. Nach dem Test sollte der Bearbeitungsprozess und die Empfindungen währenddessen von der Gruppe kurz reflektiert werden.

Fragen:

1   Gibt es in England den 17. Juni?

2   Wenn du nur ein Streichholz hast und einen dunklen Raum betrittst, in dem sich eine Karbidlampe, eine Öl-lampe und ein Holzofen befinden, was würdest du dann zuerst anzünden?

3   Einige Monate haben 30, andere 31 Tage. Wie viele Monate haben 28 Tage?

4 Ein Arzt gibt dir drei Tabletten und sagt, du sollst jede halbe Stunde eine davon nehmen. Wie lange reichen die Tabletten?

5 Ein Mann baut ein vierseitiges Haus, rechteckig, jede der Seiten zeigt nach Süden. Ein Bär kommt vorbei, welche Farbe hat er?

6 Teile 30 durch 1/2 und zähle 10 dazu. Was ergibt das?

7 Ein Archäologe behauptet, einige Goldmünzen gefunden zu haben, deren Prägedatum 40 vor Christi lautet. Würdest du ihm glauben?

8 Wie viele Tiere jeder Art nahm Moses mit auf die Arche?

9 Ist es in der Schweiz erlaubt, dass ein Mann die Schwester seiner Witwe heiratet?

10 Was war am 6. Dezember 1933?

11 Kann ein Mann, der westlich von New York lebt, westlich vom Mississippi begraben sein?

12 Ein Mann stirbt und hinterlässt 16.000 EUR. Der Mann hat sieben Söhne und jeder der Söhne hat eine Schwester. Wie viel erbt jeder?

13 Führe logisch fort: M D M D _ _ _

14 Schreibe irgendwas in dieses Kästchen.

15 Zeichne ein Quadrat mit drei Strichen.

Wirkung

Es ist interessant zu beobachten, wie die TN diese skurrile Prüfungssituation meistern und welche Gefühlsprozesse sie dabei durchlaufen. Zunächst setzen sich viele still mit den Aufgaben auseinander und beginnen dann die Fragen zu beantworten. Lustig wird es dann, wenn zwei TN ihre Ergebnisse vergleichen, sich austauschen und über eine Lösung diskutieren, mit dem Ziel, ein einheitliches Ergebnis zu finden.

Ortrud Tornow

Top oder Flop?

Zweck: mit Erfolg und Misserfolg umgehen

Dauer: ca. 30 Minuten

Anzahl der Teilnehmer: 10 bis 15

Hilfsmittel: Stoppuhr, eine leere Flasche und 5 Tischtennisbälle

Beschreibung

Es werden zwei Gruppen gebildet. In der Mitte des Raumes steht auf einem Tisch eine leere Flasche, auf deren Öffnung ein Tischtennisball gelegt wird. Ein TN wird bestimmt, die Zeit zu stoppen, ein anderer, den Spielverlauf zu beobachten und ein weiterer TN hat die Aufgabe, während des Spiels immer wieder einen Ball auf die Flaschenöffnung zu legen.

Die TN der Gruppe 1 stellen sich in 3 bis 6 Meter Entfernung vom Tisch hintereinander in einer Reihe auf. Im Vorbeigehen (anhalten ist nicht erlaubt!) und mit gestrecktem Arm müssen sie nun nacheinander den Tischtennisball nur mit dem Zeigefinger und Daumen wegschnippen. Ist der erste gestartet, kann sich bereits der nächste auf den Weg machen. Derjenige, der es geschafft hat, kann sich setzen, derjenige, dem es nicht gelungen ist, stellt sich erneut in der Reihe hinten an. Wenn alle Gruppenmitglieder den Ball einmal weggeschnippt haben, ist die Runde beendet. Jeder TN hat höchstens drei Versuche. Währenddessen wird die Zeit gestoppt. Anschließend kann die nächste Gruppe loslegen.

Es werden zwei bis drei Runden gespielt. Vor der letzten Runde bittet der Trainer diejenigen, die es bisher noch nicht geschafft haben, den Ball von der Flasche zu schnippen, die Augen kurz zu schließen, sich auf den Ball zu konzentrieren, und dann in Ruhe loszugehen.

Anschließend finden eine kurze Selbstreflexion und dann eine Gruppenauswertung der Übung statt.

Wirkung

Die TN setzen sich mit ihrer mentalen Stärke auseinander. Diese Übung wird daher auch gerne als Training bei Sportlern eingesetzt. Sie macht viel Spaß und bringt eine hohe Dynamik in die Gruppe. Während der Durchführung erleben die Teams unterschiedliche Verhaltensweisen der TN bei Erfolg oder Misserfolg. In der anschließenden Auswertung sind folgende Fragen wichtig: Wie erging es dem Einzelnen bei Misserfolg? Wie ging die Gruppe mit denjenigen um, die es nicht geschafft haben? Wie haben sich die Teammitglieder gegenseitig motiviert und angespornt?

Diese Übung verlangt vom Trainer viel Feingefühl sowohl in der Durchführungs- als auch in der Auswertungsphase. Eine intensive Reflexion sollte nur in Gruppen stattfinden, die bereits Erfahrung in Selbst- und Fremdreflexion haben.

Lässt man die Auswertungsphase weg, kann das Spiel auch als reine Aktivierungsübung durchgeführt werden.

Ortrud Tornow

Das Problem mit den Punkten

Zweck: eingefahrene Verhaltensweisen hinterfragen, Blickwinkel verändern, Kreativität anregen, vermeidbare Grenzen im Kopf überwinden

Dauer: ca. 20 Minuten

Anzahl der Teilnehmer: unbegrenzt

Hilfsmittel: jeweils fünf DIN A 4 Blätter mit vorbereitetem Punktmuster und ein Stift pro TN

Vorbereitung: Auf einem Blatt neun Punkte nach folgendem Muster anordnen und pro TN fünf Kopien von dem Blatt ziehen.

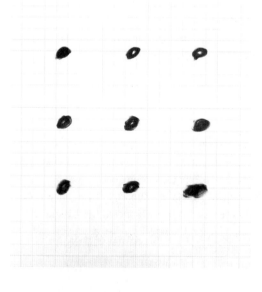

Beschreibung

Der Trainer händigt den TN jeweils fünf Kopien des Punkte-Musters und einen Stift aus. Dann stellt er den TN nach-einander folgende Aufgaben:

1 Verbinden Sie auf Blatt 1 die neun Punkte mit fünf geraden Linien, ohne den Stift dabei abzusetzen.

2 Verbinden Sie auf Blatt 2 die neun Punkte mit vier geraden Linien ohne den Stift abzusetzen.

3 Verbinden Sie die neun Punkte mit drei geraden Linien (Blatt 3).

4 Verbinden Sie die neun Punkte mit drei geraden Linien ohne abzusetzen (Blatt 4).

5 Verbinden Sie die neun Punkte mit einer Linie ohne abzusetzen (Blatt 5).

Im Anschluss stellt der Trainer die Frage an die Gruppe: Welchen Sinn und Zweck hatte die Übung?

Wirkung

Diese Übung macht Spaß und dient der Auflockerung. Die erste Aufgabe geht relativ schnell, weil die meisten TN hier nicht lange nachdenken müssen. Die nächsten Aufgaben fordern dann viel Kreativität der Teilnehmer. Denkmuster müssen gesprengt und Dinge ausprobiert werden. Sie erkennen auch, wie wichtig genaues Zuhören ist, denn die Aufgaben unterscheiden sich nur in Nuancen. Die Übung eignet sich besonders gut, wenn Change-Prozesse anstehen oder für Kommunikationstrainings.

Ortrud Tornow

Filmreif

Zweck: Anregung der Fantasie, Gruppendynamik, Spaß

Dauer: 10 bis 15 Minuten

Anzahl der Teilnehmer: mind. 10

Beschreibung

Die TN bilden zwei Gruppen. Eine davon bespricht sich ein paar Minuten und denkt sich eine kurze Filmszene aus. Dann „spielen" die TN diese Szene nach und zwar folgendermaßen: Zunächst geht der erste TN ans andere Ende des Raums und nimmt eine bestimmte Pose ein, z. B. eine schimpfende Mutter mit erhobenem Zeigefinger. Er verharrt in dieser Stellung. Der nächste TN folgt ihm und nimmt mit seiner Pose auf seinen Vorgänger Bezug, z. B. indem er eine schuldbewusste Geste macht. Der Nächste folgt und erscheint als Schlichter mit einer entsprechenden Haltung und Geste usw. (siehe Skizze).

Ist die Szene fertig, erzählt die andere Hälfte der TN die mögliche Handlung des Films. Dabei können alle frei assoziieren und dürfen sich ins Wort fallen. Wenn alle „Rollen" in der Erzählung vorkamen, werden die Aufgaben zwischen den Gruppen getauscht.

Wirkung

Dieses Spiel fördert die Gruppenzusammengehörigkeit, da jeder TN Bezug auf einen anderen nimmt und gemeinsam eine Aufgabe gelöst wird. Natürlich fördert sie auch die Kreativität eines jeden Einzelnen, jeder kann seiner Fantasie freien Lauf lassen. Des Weiteren kommt Bewegung in die Gruppe und es wird garantiert viel dabei gelacht.

Erich Ziegler

Wandelstift

Zweck: Anregung der Fantasie, Warmwerden zu Beginn, gute Vorübung für anschließendes Brainstorming

Dauer: ca. 10 Minuten

Anzahl der Teilnehmer: mind. 4

Hilfsmittel: Stift (oder anderer kleiner Gegenstand)

Beschreibung

Alle TN sitzen auf Stühlen in einem Kreis. Der Trainer lässt einen Stift (oder einen anderen Gegenstand) herumgehen, den die TN pantomimisch verwenden sollen (z.B. als Lippenstift, Golfschläger, Zahnbürste, Zigarre usw.). Jeder TN kann sich eine völlig andere Bewegung ausdenken, diese brauchen sich also nicht aufeinander zu beziehen. Anschließend kann eine zweite Runde durchgeführt werden. Wieder geht der Stift herum und jeder macht damit nun eine andere Bewegung als in der ersten Runde. Dieses Mal raten die anderen TN direkt nach jeder Vorführung, was jeweils gemeint war.

Wirkung

Diese Übung dient sowohl zum Warmwerden zu Beginn, aber auch zwischendurch zur Weckung der Fantasie. Es ist erstaunlich, wie viele Verwendungsmöglichkeiten den einzelnen TN in kurzer Zeit einfallen. Eine gute Vorübung für ein anschließendes Brainstorming!

Erich Ziegler

Es war einmal

Zweck: Hemmungen und Blockaden abbauen, v. a. gut für den Start am Morgen oder nach einer längeren Pause

Dauer: ca. 20 Minuten

Anzahl der Teilnehmer: beliebig

Hilfsmittel: pro TN zwei Karteikarten, weicher Ball, Kiste

Beschreibung

Jeder TN erhält zwei Karteikarten, auf denen er je einen Begriff notiert – entweder beliebig oder aus dem vorher behandelten Themenbereich. Der Trainer mischt alle Karten in einer Schachtel. Nun zieht jeder TN zwei Karten. Die Aufgabe für alle ist es, eine lustige Geschichte zu erzählen, in der die gezogenen Begriffe vorkommen. Ein TN beginnt mit ein bis drei Sätzen, die seine Begriffe enthalten. Der nächste TN erzählt die Geschichte weiter usw. Alle TN sind der Reihe nach dran, immer für ein bis zwei Minuten. Alternativ kann die Reihenfolge mit einem Ball bestimmt werden, d.h., derjenige, der den Ball bekommt, erzählt und wirft diesen dann seinem „Nacherzähler" zu. Das erhöht die Anforderung an den Erzähler.

Wirkung

Ideal für TN, die an ihrer Kreativität bislang gezweifelt haben. Durch das gemeinsame, spielerische Erarbeiten einer Geschichte werden Hemmungen abgebaut.

Susanne Beermann

Puzzeln – einmal anders

Zweck: kreatives Lernen, Teamgeist

Dauer: 30 bis 60 Minute

Anzahl der Teilnehmer: 12 bis 15, geteilt in Kleingruppen à 3 bis 5 Spieler

Hilfsmittel: je Gruppe 1 Bogen DIN-A3-Tonpapier oder Foto-karton, Scheren

Beschreibung

Aufgabe jeder Kleingruppe ist es, ein Puzzle zum Thema des Seminars oder Workshops zu gestalten. Die TN ziehen auf das leere Tonpapier mit Filzstiften unregelmäßige Linien. Dann werden Begriffe, die zusammengehören, auf waagerecht direkt nebeneinander liegende Felder geschrieben (siehe Skizze), z. B.:

- Serienbrieffunktion – Textverarbeitungsprogramm
- Summenformel – Tabellenkalkulationsprogramm
- Titelmaster – Präsentationsprogramm

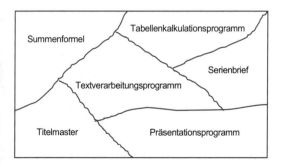

Wenn die Beschriftung abgeschlossen ist, wird die Vorlage entlang der Linien auseinander geschnitten. Diese Puzzleteile bekommt dann eine der anderen Gruppen zum Zusammensetzen. Es sollen alle Puzzlespiele untereinander ausgetauscht werden.

Variante: Wir spielen das Spiel auch gerne als Wettspiel: „Wem gelingt es am schnellsten, das Puzzle zusammenzubauen?"

Wirkung

Dieses Spiel hat mehrere positive Auswirkungen. Zum einen betätigen sich die TN kreativ, zum anderen tauschen sie sich dabei ständig über das Thema aus. Dadurch prägt sich das Gelernte wesentlich besser ein. Werden die Puzzles dann noch in den verschiedenen Gruppen gespielt, verstärkt sich natürlich der Wiederholungseffekt. Wird das Puzzle als Wettspiel durchgeführt, kommt darüber hinaus der sportliche Ehrgeiz zum Tragen, der den Teamgeist fördert.

Monika Schubach

Assoziationen

Zweck: Kreatives Denken, besonders gut geeignet, um ein Brainstorming in Schwung zu bringen

Dauer: 20 bis 30 Minuten

Anzahl der Teilnehmer: gerade Anzahl, Aufgabe sollte am besten paarweise gelöst werden

Hilfsmittel: Bücher (je Paar eines), Post-its, Papier, Stifte

Beschreibung

Jedes Paar erhält eine konkrete Aufgabe, z. B.: Wie können wir unser neues Produkt dem Kunden nahe bringen? Danach nimmt einer der beiden das Buch zur Hand, schlägt blind eine Seite auf und klebt ein Post-it wahllos auf eine Seite. Das Wort, das dem Post-it am nächsten ist, wird als Ausgangspunkt für Ideen zur Beantwortung der Frage eingesetzt.

Beispiel

Aufgabe: Wie können wir unser neues Produkt dem Kunden nahe bringen? Das Wort, auf das das Post-it zeigt, ist „Sonntag".

Dies könnte zu folgenden Ideen führen: Vielleicht sollten wir unsere Werbe-Aktion an einen Sonntag beginnen? Der Sonntag hat etwas mit der Sonne zu tun – vielleicht sollten wir unser Produkt daher in gelbes Papier einpacken? Alle Menschen, die an einem Sonntag geboren sind, erhalten unser Produkt zu Testzwecken kostenlos usw. Der Fantasie sind keine Grenzen gesetzt.

Wirkung

Der Zufall spielt bei dieser Übung eine große Rolle. Sie fördert so die Assoziationsfähigkeit der TN, denn es werden Begriffe miteinander in Verbindung gebracht, die normalerweise keinerlei Bezug zueinander haben. Die Teilnehmer verlassen dadurch ihre gewohnten Denkwege und produzieren neue und vielleicht ungewöhnliche Ideen.

Monika Schubach

Was gehört zusammen?

Zweck: Inhalte kreativ aufbereiten und diese spielerisch einprägen

Dauer: 30 bis 60 Minuten

Anzahl der Teilnehmer: maximal 12, Kleingruppen zu 2 bis 4 TN

Hilfsmittel: Karteikarten blanko, die auf der Rückseite einheitlich aussehen, Filzstifte, Buntstifte

Beschreibung

Jede Kleingruppe soll zu einem Teilbereich des Lernstoffs (den der Trainer vorgibt) passende Memorykarten erstellen. Die Karten sollten neben den Stichwörtern auch Zeichnungen oder zumindest zeichnerische Elemente enthalten, damit sie leichter als zusammengehörig erkennbar sind.

Wichtig: Die Anzahl zusammenpassender Karten (z. B. zwei bis vier) muss vorgegeben werden.

Beispiel 1: EDV-Unterricht

Anzahl der Karten: vier
Serienbrieferstellung – Serienbriefhauptdokument – Datenquelle – Steuersatz

Beispiel 2: Sprachunterricht – unregelmäßige Verben

Anzahl der Karten: drei
Grundform: to go – 1. Vergangenheit: went – 2. Vergangenheit: gone

Anschließend legen alle Gruppen ihre Karten in einen Korb oder geben sie direkt dem Trainer, der sie auf dem Boden oder auf einem großen Tisch verteilt – die Rückseite nach oben. Dann wird gemeinsam Memory gespielt: Die TN decken nacheinander Karten auf und wieder zu und merken sich deren Lage, um in der nächsten Runde Paare bzw. Terzette oder Quartette aufzunehmen. Es wird so lange gespielt, bis alle Karten aufgenommen wurden. Gewinner ist, wer die meisten passenden Karten sammeln kann.

Wirkung

Dieses Spiel hat mehrere positive Folgen: Zum einen können die TN beim Ausdenken der Begriffe und bei der visuellen Gestaltung kreativ sein. Zum anderen tauschen sie sich dabei und anschließend beim Finden der zusammengehörenden Karten ständig über das Thema aus. Durch diesen Wiederholungseffekt prägt sich das Gelernte wesentlich besser ein. Zudem ist Konzentration gefragt und Spaß macht das Ganze natürlich in der Regel auch.

Monika Schubach

Wo bin ich?

Zweck: Anregung der Fantasie, Bewegung

Dauer: 10 bis 20 Minuten

Anzahl der Teilnehmer: mind. 4; je mehr, desto besser

Beschreibung

Ein oder zwei TN verlassen den Raum. Die anderen denken sich eine ganz bestimmte Örtlichkeit (z.B. Bahnhof) aus. Nun stellt jeder TN (gerne auch paarweise) eine für diesen Ort typische Situation pantomimisch dar, z.B. Ziehen einer Fahrkarte am Automaten.

Die TN, die den Raum verlassen hatten, kommen wieder herein, während alle anderen gleichzeitig ihre pantomimischen Aktionen zeigen. Die beiden Kandidaten beschreiben, was sie sehen, und versuchen, den Ort, an dem sie sich befinden, zu erraten. Gelingt ihnen dies, können zwei andere TN hinausgehen, und das Spiel beginnt von vorn.

Scheuen Sie sich nicht davor, auch einmal ungewöhnliche Orte (z.B. Reeperbahn in Hamburg) zu wählen – der Spaßfaktor wird steigen. Natürlich sollte es trotzdem ein Ort sein, den alle kennen.

Wirkung

Diese Übung regt die Fantasie aller TN an. Die körperlichen Aktionen beteiligen zudem beide Hirnhälften, was Denkblockaden lösen kann.

Marcus Koch

Entspannung

Leistungssportler haben Entspannungsübungen schon lange in ihr Trainingsprogramm eingebaut. Warum nicht auch wir? Denn auch bei anstrengenden Seminaren und Konferenzen steigern diese Übungen die Leistungsfähigkeit. Im Vordergrund stehen dabei der Abbau von Blockaden und die Entspannung von Körper, Geist und Seele. Nur wenn diese drei im Gleichgewicht sind, ist effektives und nachhaltiges Lernen und Arbeiten überhaupt möglich.

Pizza backen

Zweck: Entspannung mit intensivem Körperkontakt, besonders vor der Mittagspause oder dem Abendessen, denn es wirkt appetitanregend.

Dauer: ca. 5 Minuten

Anzahl der Teilnehmer: beliebig

Beschreibung

Diese Übung sollte nur dann eingesetzt werden, wenn sich die Kursteilnehmer gut kennen und Körperkontakt kein Problem darstellt.

Die TN stehen in einem Kreis. Der Kursleiter schlägt vor, gemeinsam eine Pizza zu backen. Dazu fassen sich alle an den Händen und machen einen Schritt zur Kreismitte. Jetzt lassen alle die Hände los und drehen sich nach rechts. Jeder hat nun einen wunderschönen Teig (Rücken) vor sich. Alle stellen sich hüftbreit hin – die Beine sind parallel, die Knie locker (besserer Stand!) – und beginnen den Teig zu kneten (Schultern und den ganzen Rücken massieren). Dabei versuchen die TN, das, was sie in ihrem eigenen Rücken spüren, weiterzugeben.

Der Trainer gibt die weitere Backanweisung und beschreibt die dazugehörige Bewegung: „Wir rollen jetzt den Teig aus (Streichbewegungen mit den flachen Händen von der Wirbelsäule nach außen), schneiden Tomaten in Scheiben (mit den Handkanten ganz leicht an die Schultern schlagen), verteilen die Scheiben auf dem Blech (sanfter Druck mit den flachen Händen auf dem ganzen Rücken), streuen Oregano darüber (mit den Fingerkuppen streicheln) und zum Schluss viel Käse (Kreismassage auf dem ganzen Rücken mit den flachen Händen) über die fertige Pizza. So, jetzt muss sie nur noch in den Ofen geschoben werden."

Wirkung

Diese Übung entspannt gezielt die Rücken- und Schultermuskulatur, die oft nach langem Sitzen überbeansprucht ist. Sie verstärkt darüber hinaus das Zusammengehörigkeitsgefühl der Gruppe.

Brigitte Calenge

Schreiben – einmal anders

Zweck: Entspannung der Nackenmuskulatur, besonders gut zu Beginn und am Ende einer Arbeitsperiode

Dauer: ca. 2 bis 5 Minuten

Anzahl der Teilnehmer: beliebig

Beschreibung

Die TN verteilen sich im Raum. Sie stehen bequem, die Arme hängen locker herab. Aufgabe ist es jetzt, sich vorzustellen, die Nase wäre ein Bleistift, mit dem verschiedene Worte geschrieben oder grafische Elemente gezeichnet werden sollen. Die Augen können geöffnet oder geschlossen sein – je nach Lust der Spieler. Der Kursleiter gibt Aufgaben vor, was nun zu schreiben oder zu zeichnen ist.

Mögliche Beispiele:

- Die TN drehen den Kopf nach links und schreiben mit „ihrem Bleistift" (Nase) ihren Vor- und Zunamen (Dauer ca. 30 Sekunden).
- Die TN drehen den Kopf nach rechts und „malen" große Kreise gegen den Uhrzeigersinn (Dauer ca. 10 Sekunden). Danach machen sie das Gleiche noch einmal von der linken Seite.
- Die TN „malen" einen Elefanten mit erhobenem Rüssel, eine Blume, die Sonne ... der Fantasie sind keine Grenzen gesetzt.

Der Trainer sollte die „Künstler" immer wieder darauf hinweisen, den Nacken locker zu halten und langsam und gleichmäßig zu schreiben oder zu malen.

Wirkung

Diese Übung entspannt vor allem die Nackenmuskulatur. Sie hilft den TN dadurch, einen klaren Kopf zu bekommen.

Monika Schubach

Good Vibrations

Zweck: Muskelverspannungen abbauen

Dauer: ca. 2 bis 6 Minuten (je nach Variante)

Anzahl der Teilnehmer: beliebig

Beschreibung

Die TN verteilen sich im Raum. Die Beine sind leicht gespreizt. Die Arme hängen locker herab. Die Handflächen zeigen nach innen (also zum Körper). Auf Kommando des Trainers fangen alle an, langsam ihre Hände zu schütteln. Nach ca. zehn Sekunden wird das Tempo gesteigert und zusätzlich zu den Händen werden auch Arme und Schultern in den Rhythmus einbezogen. Der ganze Oberkörper vibriert. Diese Phase dauert ca. 30 Sekunden. Danach spüren alle Beteiligten ein Prickeln im ganzen Oberkörper.

Variante: Nach der Aktivität des Oberkörpers können auch noch die Füße und Beine – jeweils einzeln – entsprechend ausgeschüttelt werden.

Wirkung

Diese Übung bietet eine einfache Möglichkeit, Muskelverspannungen abzubauen und sich wieder fit zu fühlen.

Monika Schubach

Weg mit dem Stress!

Zweck: Stressabbau über Bewegung und Atem

Dauer: ca. 5 bis 10 Minuten

Anzahl der Teilnehmer: beliebig

Beschreibung

Die TN stehen im Kreis. Unter Anleitung des Trainers vollziehen sie folgende Bewegungen:

- Sie strecken den linken Arm über den Kopf und beugen dabei den Oberkörper nach rechts.
- Dann atmen sie mehrmals hintereinander aus. Nun halten sie den Atem noch einige Sekunden an und atmen danach wieder ein.
- Rechter Arm nach oben, Oberkörper geht nach links;
- ausatmen, ausatmen, ausatmen; Atem anhalten und wieder einatmen.

Das Ganze sollte vier bis fünf Mal wiederholt werden.

Wirkung

Diese Übung stärkt die Atemwege, baut Stress ab und entspannt gleichzeitig die Rückenmuskulatur. Dieses Spiel funktioniert auch sehr gut bei Jugendlichen. Wissenschaftliche Studien an Schülern haben gezeigt, dass selbst die kleinste Bewegungspause zum Stressabbau und zur Steigerung der Konzentrationsfähigkeit führt.

Monika Schubach

Das etwas andere Volleyball

Zweck: Entspannung, Teamgeist, sportlicher Ehrgeiz

Dauer: 3 Minuten

Anzahl der Teilnehmer: 10

Hilfsmittel: 20 bunte Luftballons, 2 bis 3 Pinnwände

Vorbereitung: Alle Tische und Stühle müssen zur Seite geräumt werden (sonst Verletzungsgefahr). Zwei bis drei Pinnwände stehen in der Raummitte und stellen das Volleyballnetz dar.

Beschreibung

Der Kursleiter bestimmt zwei Mannschaftsführer, die sich aus der Gruppe ihre Teams wählen. Beide Mannschaften stehen sich, getrennt durch die Pinnwände, gegenüber – wie beim Volleyball. Jedes Team erhält 10 bunte Luftballons. Ziel der beiden Mannschaften ist es, nach dem Abpfiff so wenig Luftballons wie möglich im eigenen Feld zu haben.

Zunächst werden die Ballons auf Kommando aufgeblasen und verknotet. Auf ein Startzeichen des Trainers versuchen die Mannschaften nun, so viele Luftballons wie möglich auf die andere Seite des „Netzes" zu werfen. Dazu stehen ihnen genau drei Minuten zur Verfügung. Danach wird abgepfiffen und gezählt, auf welcher Seite weniger Ballons liegen.

Wichtig: Nach dem Abpfiff bitte unbedingt jeder Mannschaft zu ihrer tollen Leistung gratulieren. Es gibt keine Gewinner und keine Verlierer.

Wirkung

Die Bewegung entspannt Körper, Geist und Seele. Das Mannschaftsspiel fördert darüber hinaus Teamgeist und sportlichen Ehrgeiz.

Monika Schubach

Siegesschrei der Samurai

Zweck: gemeinsamer Stressabbau in der Gruppe

Dauer: ca. 5 Minuten

Anzahl der Teilnehmer: beliebig

Beschreibung

Die TN stehen im Kreis und fassen sich an den Händen. Alle gehen langsam ein wenig in die Knie und rufen dabei „Eeee-hy" und mit einem lauten „Ja!" reißen sie die Arme hoch und stehen dabei wieder gerade. Die TN sollen ruhig so laut rufen wie sie können.

Wirkung

Diese Übung dient zur körperlichen und geistigen Entspannung. Es lässt sich dabei hervorragend Stress abbauen, vor allem durch das laute und unkontrollierte Rufen und die gemeinsame Bewegung. Das Spiel reaktiviert die geistigen Ressourcen und bringt wieder neuen Schwung in die Gruppe.

Erich Ziegler

Die Regenmacher

Zweck: Abbau von Aggressionen

Dauer: ca. 5 Minuten

Anzahl der Teilnehmer: beliebig

Beschreibung

Die Gruppe sitzt im Stuhlkreis. Der Kursleiter beginnt zu erzählen: „Ich war letzten Monat bei einem Regenmacher im australischen Busch und der hat mir erzählt, wie man einen schönen Sommerregen machen kann und dass man durchaus in der Lage ist, danach wieder die Sonne scheinen zu lassen. Wir wollen es einmal ausprobieren."

Der Trainer fängt mit einer Geste an. Nach wenigen Sekunden übernimmt sein linker Nachbar diese Geste und reicht sie wiederum an seinen linken Nachbarn weiter. Die Geste breitet sich also nach und nach aus. Ist sie beim rechten Nachbarn des Kursleiters angekommen, beginnt dieser mit einer neuen Bewegung. Jeder TN macht so lange die „alte" Geste, bis er merkt, dass von seinem rechten Nachbarn eine „neue" kommt.

Mögliche Gesten:

1 Mit den Fingern ungleich schnipsen (die ersten Regentropfen fallen auf dem Marktplatz)

2 Mit den Händen ungleich klatschen (der Regen wird stärker)

3 Die Hände auf die Oberschenkel schlagen (Platzregen auf der Straße)

4   Die Hände gegeneinander reiben und zwischen den Zähnen zischen (der Wind vertreibt die Wolken)

5   Die Arme zum Himmel strecken, sich dabei zurücklehnen (jetzt geht bei uns allen wieder die Sonne auf)

Wenn die TN zwischendurch die Augen schließen, können sie den Regen besser hören.

Tipp: Im Sprachunterricht kann diese Übung sehr gut dazu verwendet werden, in das Thema "Wetter" einzuführen.

Wirkung

Die Übung wirkt äußerst entspannend und baut darüber hinaus eventuell entstandene Aggressionen unter den TN ab, was wiederum das Zusammengehörigkeitsgefühl stärkt. Besonders gerne setzen wir diese Übung ein, wenn die Gruppe müde wirkt, was vor allem nach längeren Redephasen sehr oft der Fall ist.

Es ist uns übrigens schon öfters passiert, dass nach dieser Übung wirklich die Sonne wieder hervorkam!

Brigitte Calenge

Der Zug kommt

Zweck: Abschalten

Dauer: ca. 15 Minuten

Anzahl der Teilnehmer: mind. 4

Beschreibung

Alle TN stehen oder sitzen im Kreis. Die Arme sind vor der Brust angewinkelt, mit den Unterarmen nach oben. Beide Zeigefinger weisen in einem Abstand von ca. 15 cm nach oben. Sie stellen die Schranken eines Bahnübergangs dar. Nun soll ein Zug gegen den Uhrzeigersinn einmal die Runde fahren.

Jeder TN schließt seine Schranke, indem er die Zeigefinger einander zubeugt, begleitet von einem „Bing-bing-bing" Dann kommt der Zug von links nach rechts angefahren – angedeutet durch ein „Tsch-tsch-tsch" und eine Kopfbewegung von links nach rechts. Schließlich geht die Schranke wieder auf, d. h., die Finger werden wieder gerade nach oben ausgerichtet – erneut begleitet von einem „Bing-bing-bing".

Wenn der Trainer den Zug losschickt, müssen also die TN neben ihm der Reihe nach ihre Schranke schließen und wieder öffnen („Bing-bing-bing") und das Zuggeräusch („Tsch-tsch-tsch") sowie die Kopfbewegung aufnehmen. Nacheinander fahren jetzt verschieden schnelle Züge (vom Trainer angekündigt). Je schneller der Zug ist, desto mehr Schranken müssen auf einmal vorab geschlossen sein.

- In der zweiten Runde ist es ein Güterzug mit einer schnelleren Diesellok. Das bedeutet, zwei oder drei Schranken müssen schon vorher zugehen: Schranke zu („Bing-bing-bing"), die Lok kommt an („Tsch-tsch-tsch") und fährt an der Schranke vorüber (Kopfdrehung), dann folgen mehrere Güterwaggons („Brlong-brlong-brlong", der Kopf dreht sich hin und her).

- Drittens: Ein ICE rast vorbei („Voooaaaaaam"), mindestens fünf Schranken müssen vorab zu sein.

- Viertens: Ein TransRapid jagt vorüber: („sssssssss"), zehn geschlossene Schranken.

Variante: Sobald die Schranke geschlossen ist, kommt ein Auto angefahren und bremst geräuschvoll. Der Fahrer ruft: „Oh, shit!" Nachdem die Schranke wieder oben ist, sagt er: „Na, endlich!" Die TN geben hintereinander statt des Zuggeräusches diese Äußerungen wieder.

Wirkung

Ein lustiges Spiel, das beim Abschalten hilft – und dabei doch die Konzentration schult.

Erich Ziegler

Wiederholung

Wer hat nicht schon einmal bei einem Quiz-Spiel im Fernsehen mitgeraten? Oder denken Sie an die Lückentexte im Fremdsprachenunterricht: Machen diese nicht mehr Spaß als das Abfragen von Vokabeln? Spielerisch können Sie überprüfen, ob Ihre Teilnehmer das Erlernte bereits „können" bzw. wo noch Nachholbedarf besteht. Und eines werden Sie dabei auch feststellen: Viele entwickeln bei Wiederholungsspielen einen bis dahin unbekannten Ehrgeiz, den Sie sehr gut für das weitere Training nutzen können.

Moorhuhnschießen

Zweck: spielerisches Abfragen, Bewegung, Wettbewerb

Dauer: 15 bis 30 Minuten (ohne Erstellung der Fragekarten)

Anzahl der Teilnehmer: beliebig, Gruppen à 3 oder 5 TN (gerade Anzahl an Gruppen)

Vorbereitung: Fragekarten erstellen, größere Menge, wenn viele TN

Hilfsmittel: Tuch (50 × 50 cm), kleiner Plüschvogel (Moorhuhn)

Beschreibung

Von den TN selbst (ggf. auch vom Trainer) hergestellte Fragekarten sind die Grundlage dieses Spiels. Die Fragen beziehen sich auf Themen, die im Seminar bzw. im Workshop behandelt wurden.

Die TN teilen sich in Kleingruppen. Jeweils zwei Gruppen spielen gegeneinander. Jede Gruppe zieht dieselbe Anzahl an Fragekärtchen aus dem vorbereiteten Fragenpool, den der Kursleiter auf einem Tisch oder in einem Korb bereithält.

Nun beginnt das Quiz, indem ein Mitglied einer Gruppe der Gegenpartei eine Frage vorliest. Regel: Bei jeder richtigen Antwort gibt es zwei Punkte. Sollte die Antwort falsch sein, kann die Gruppe dennoch einen Punkt durch erfolgreiches Moorhuhnschießen gewinnen.

Bei einer Gruppe von fünf TN funktioniert das z. B. folgendermaßen: Vier TN ergreifen je eine Ecke des Tuchs und stehen in einigem Abstand zum fünften TN. Dieser versucht nun, das Huhn in die Mitte des Tuchs zu werfen, wobei die Kollegen mithelfen können. Dies klingt einfach, ist jedoch gar nicht so leicht – probieren Sie es aus. Je nach räumlicher Situation können Sie den Abstand zwischen dem werfenden TN und Tuch auf mindestens zwei, maximal drei Meter festlegen.

Das Spiel endet nach einer zuvor festgelegten Anzahl an Fragerunden. Das Siegerteam wird nach Punkten ermittelt.

Wirkung

Die Übung stellt eine kreative Art des Abfragens dar. Durch das eigene Erstellen der Fragekarten sind die TN aktiv in die Gestaltung des Seminars eingebunden, was die Motivation deutlich erhöht. Der Wettbewerbscharakter des Spiels wirkt zudem erfrischend und energetisierend.

Das Moorhuhnschießen gibt der Übung den gewissen Pep. Als besonders schön empfinden es die TN oft, wenn am Schluss der Übung die Gewinner gekürt werden (Bonbon, Stück Schokolade usw.). Dabei sollten auch die Verlierer bedacht werden.

Marcus Koch

Karussell

Zweck: spielerisches Abfragen

Dauer: ca. 5 bis 10 Minuten

Anzahl der Teilnehmer: mind. 8

Vorbereitung: Moderationskarten mit Stichworten/Fragen zum erarbeiteten Stoff oder zum Thema, heitere Musik

Beschreibung

Die Fragekärtchen werden – mit der Frage nach unten – auf einem Tisch verteilt. Jeder TN nimmt sich eine Karte. Danach finden sich zwei Gruppen zusammen, die jeweils einen inneren und einen äußeren Kreis bilden.

Die Musik beginnt und die Teilnehmer des inneren Kreises bewegen sich im Uhrzeigersinn, die des äußeren Kreises gegen den Uhrzeigersinn. Die Musik stoppt. Jetzt stehen sich zwei Teilnehmer gegenüber und befragen sich bzw. erzählen sich etwas über das Stichwort/die Frage auf ihrer Moderationskarte. Sobald die Musik wieder einsetzt, verabschieden sie sich voneinander, z.B. mit einem Satz wie: „Tschüss, ich muss weiter, sonst verpasse ich noch meinen Bus!", und laufen weiter bis zum nächsten Musikstopp.

Es kann sein, dass sich die TN beim Musikstopp nicht exakt gegenüberstehen. Erklären Sie also vorab, dass sie evt. noch ein bisschen „rutschen" müssen.

Bei ungerader Teilnehmerzahl laufen zwei – sozusagen als siamesische Zwillinge – zusammen. Beim Musikstopp stehen sie vor einer Person.

Wirkung

Diese Übung ist ein einfaches Hilfsmittel, um das gerade Erlernte zu wiederholen und so zu festigen. Sie fördert darüber hinaus den Austausch untereinander, da die TN „ganz zufällig" miteinander in Kontakt treten. Die Bewegung trägt zudem zur Auflockerung und Entspannung bei.

Brigitte Calenge und Monika Schubach

Der schlaue Ball

Zweck: einfaches Abfragen mit Bewegung

Dauer: ca. 10 Minuten

Anzahl der Teilnehmer: beliebig

Hilfsmittel: Bälle, idealerweise Koosh-Bälle

Beschreibung

Die TN stehen im Kreis oder bleiben auf ihren Plätzen sitzen, wenn diese in einer Runde angeordnet sind. Jeder überlegt sich Fragen zum Themengebiet der Veranstaltung. Der Kursleiter gibt den Startschuss zur Übung, indem er den Ball in die Runde wirft. Wer ihn fängt, darf beginnen. Er sucht sich einen Mitspieler aus, wirft ihm den Ball zu und stellt ihm eine Frage zum Thema. Der Fänger muss die Antwort geben. Gelingt ihm das nicht, darf der Werfer helfen. Nach diesem System geht der Ball in der Gruppe hin und her. Jeder kann sowohl Werfer als auch Fänger sein. Das Spiel endet, wenn den TN keine Fragen mehr einfallen oder nach einem Zeitlimit.

Wirkung

Die TN wiederholen spielerisch und in Eigenverantwortung – der Kursleiter fungiert nur als Zuschauer – das neue Themengebiet. Die Bewegung fördert die Durchblutung und steigert somit die Konzentration für Folgethemen.

Brigitte Calenge und Monika Schubach

Ja oder Nein?

Zweck: schnelles Abfragen, Förderung des Gruppenehrgeizes

Dauer: ca. 10 bis 12 Minuten

Anzahl der Teilnehmer: beliebig

Vorbereitung: Moderationskärtchen mit Themen- oder Scherzfragen

Hilfsmittel: Stoppuhr

Beschreibung

Die Gruppe sitzt oder steht im Kreis. Der Kursleiter stellt anhand vorbereiteter Kärtchen jedem TN eine Frage zum Thema, die nur mit „Ja" oder „Nein" beantwortet werden kann. Zur Auflockerung darf auch mal eine Scherzfrage darunter sein wie: „Hat der August 28 Tage?" (hier antworten die meisten spontan mit „Nein"). Für die Beantwortung stehen maximal zehn Sekunden zur Verfügung. Unrichtig beantwortete Fragen können zur Seite gelegt werden, um sie am Ende gemeinsam zu besprechen. Das Spiel geht so lange, bis alle Fragen richtig beantwortet sind.

Wirkung

Neben der Wiederholung des Lernstoffs werden die TN zu schnellen Entscheidungen gezwungen, was die Fehlerquote und den Spaß erhöht. Als Trainer werden Sie sich wundern, wie viel Ehrgeiz Ihre TN entwickeln.

Claudia Harrasser

Aktiv & kreativ

Zweck: Wiederholung, Kreativität, Teamgeist

Dauer: 20 bis 30 Minuten

Anzahl der Teilnehmer: beliebig, Kleingruppen à 3 oder 4 TN

Hilfsmittel: Flipcharts oder Whiteboards (je 1 für 2 Gruppen), Moderations- oder Karteikarten, Stifte, je ein Würfel für 2 Gruppen

Beschreibung

Die TN setzen sich in Gruppen zusammen, z.B. in Vierergruppen. Jedes Team schreibt Begriffe aus dem behandelten Thema (etwa Marketing oder Arbeitsrecht) auf verschiedene Karten (ein Begriff pro Karte). Die Anzahl der Karten wird vorher festgelegt. Je abstrakter der Begriff, desto interessanter wird es.

Anschließend spielen immer zwei Gruppen gegeneinander und sitzen oder stehen sich dabei gegenüber. Ein TN bekommt einen Begriff gezeigt, den er seiner Gruppe erklären muss. Seine Kollegen ermitteln per Würfel, auf welche Weise der Begriff erläutert werden soll: pantomimisch (wenn der Würfel 1 oder 2 Augen zeigt), zeichnerisch (3 oder 4) oder durch Umschreiben (5 oder 6). Der Begriff selbst darf nie genannt werden. Auch darf der Vorführende keine Fragen beantworten. Er spielt, zeichnet (Flipchart) oder erklärt nun, was die anderen erraten sollen. Pro Spielrunde wird eine Zeit von z.B. einer Minute festgelegt. Dann wechselt das Rateteam. Für jeden geratenen Begriff erhält die entsprechende Gruppe einen Punkt. Nach einer vereinbarten Rundenzahl (Anzahl der Kärtchen) endet das Spiel. Sieger ist, wer die meisten Begriffe erraten hat.

Wirkung

Bereits bei der Auswahl der Begriffe beschäftigen sich die TN intensiv mit dem betreffenden Thema. Bei der Durchführung selbst ist der Spieler, der erklären soll, kreativ gefordert, die ratenden TN jedoch auch. Hier wird auch der Teamgeist gestärkt: Über den Lerneffekt hinaus zeigt sich, wie gut die Gruppe aufeinander eingespielt ist. Und es gibt viel zu lachen – das schafft ein entspanntes Miteinander.

Susanne Beermann

Stadt – Land – Fluss

Zweck: schnelles Abfragen, Wettbewerb

Dauer: mind. 20 Minuten

Anzahl der Teilnehmer: beliebig

Hilfsmittel: vorbereitete DIN-A4-Blätter mit einer Tabelle (Querformat) für jeden TN

Beschreibung

Die TN sitzen an Tischen (möglichst im Kreis). Jeder erhält ein Blatt mit einer vorbereiteten Tabelle, die so aufgebaut ist, wie in dem Kinderspiel „Stadt – Land – Fluss" üblich. Im Kopf der Tabelle stehen als Überschriften Begriffe aus dem Seminarthema (z. B. Kostenrechnung, Arbeitssicherheit, Betriebsverfassungsgesetz usw.). Die letzte Spalte erhält die Überschrift „Punkte".

Einer in der Runde beginnt, im Stillen das Alphabet aufzusagen, ein anderer ruft „Stopp!" Mit dem Buchstaben, bei dem der TN angekommen ist, versuchen nun alle in jeder Spalte einen Begriff zu notieren. Der Erste, der alle Spalten ausgefüllt hat, darf „Stopp!" sagen und alle anderen TN müssen den Stift niederlegen. Nun liest derjenige, der am schnellsten war, seine Ergebnisse vor. Alle, die denselben Begriff haben, bekommen fünf Punkte; alle, die einen anderen Begriff haben, zehn Punkte. Hat kein anderer einen Begriff zu einem Thema gefunden, gibt es 20 Punkte für den Vorleser. Sieger ist, wer nach einer vorher festgelegten Anzahl von Runden die höchste Punktzahl erzielt hat.

Wirkung

Neben dem meist positiven Effekt der Wiedererkennung des Kinderspiels „Stadt – Land – Fluss" und der Zielsetzung, Wissen abzufragen – gepaart mit Schnelligkeit –, hat dieses Spiel auch eine erheiternde Wirkung.

Susanne Beermann

Warum ist Opa nur so schwerhörig?

Zweck: Zusammenhänge wiederholen und Verständnis überprüfen

Dauer: je nach Umfang des Stoffes

Anzahl der Teilnehmer: 10 bis 15

Beschreibung

Die TN sitzen im Kreis. Ein Mitglied der Gruppe spielt den schwerhörigen Großvater. Der Kursleiter greift die wichtigsten Thesen bzw. erarbeiteten Ergebnisse aus dem gesamten behandelten Themengebiet heraus und erklärt sie dem Großvater. Dieser versteht nichts und wiederholt alles falsch. Also müssen die Zusammenhänge jetzt so oft wiederholt und erklärt werden, bis auch der Großvater sie versteht. Die ganze Gruppe muss dabei helfen, um die nötige Lautstärke zu erreichen. Nach ca. fünfmaligem lautstarkem Wiederholen der Definitionen ist es geschafft: Auch der Großvater hat nun alles richtig mitbekommen.

Wirkung

Durch konzentriertes, mehrmaliges Wiederholen erfolgt der Transfer des Erlernten direkt ins Langzeitgedächtnis. Dabei wird zugleich überprüft, ob alle mit den gleichen Ergebnissen nach Hause gehen.

Monika Schubach

Abschluss

Oft enden Seminare oder andere Arbeitstreffen mit einem einfachen „Schön, dass Sie da gewesen sind", oder mit einem Feedbackbogen. Es geht aber auch besser: mit Spielen, in denen die Teilnehmer thematische, persönliche und gruppenbezogene Rückmeldungen geben. Diese Spiele schlagen auch die wichtige „Brücke" zurück in den Alltag. Wird dieses Ritual nicht gepflegt, kann man oft ein Phänomen beobachten: Die Teilnehmer gehen nicht auseinander, sie bleiben einfach stehen und warten, als würde irgendetwas fehlen.

Brief an mich selbst

Zweck: nachhaltige Erinnerung an gefasste Vorsätze

Dauer: ca. 15 Minuten

Anzahl der Teilnehmer: unbegrenzt

Hilfsmittel: pro TN Stift, einen Bogen hochwertiges Briefpapier, frankierter Briefumschlag

Beschreibung

Zum Ende eines Seminars bzw. Workshops erhalten alle TN einen Bogen Briefpapier (möglichst ein besonders schönes Papier anbieten) und einen frankierten Briefumschlag, mit der Bitte, einen Brief an sich selbst zu schreiben.

Folgende Fragen können unterstützend vom Trainer gestellt werden:

- Was nehme ich mir vor?
- Was hat mich besonders bewegt?
- Was möchte ich bis ... erreicht haben?
- Woran möchte ich ganz konkret arbeiten?
- Welche Erfahrungen möchte ich noch machen in meinem Leben?
- Was sind meine Ziele?
- Welche Inhalte des Seminars helfen mir, dorthin zu kommen?
- Was werde ich als Erstes umsetzen?

Ist der Brief geschrieben, wird er von den TN in den vorbereiteten Umschlag gegeben, mit der Adresse des TN versehen und verschlossen. Je nach Vereinbarung wird der Umschlag am Ende der Seminarreihe bzw. ein paar Wochen nach dem Seminar den Teilnehmern zugesandt.

Wirkung

Diese Übung ist besonders effektiv am Ende eines Trainings, in dem es um die Reflexion der eigenen Persönlichkeit ging. Bereits beim Schreiben des Briefes werden die TN dazu animiert, sehr emotional und sehr bedacht die eigene Person und die eigenen Vorsätze wahrzunehmen. Der Brief, der dann dem TN ein paar Wochen nach dem Seminar zugeschickt wird, veranlasst zur Überprüfung und Korrektur der nach dem Seminar gefassten Vorsätze. Der TN setzt sich dadurch sehr nachhaltig mit den Seminarinhalten auseinander.

Ortrud Tornow

Schluss – aus – basta!

Zweck: sehr kurzer, aber starker Schlusspunkt

Dauer: ca. 2 Minuten

Anzahl der Teilnehmer: beliebig

Beschreibung

Die Gruppe steht im Kreis. Der Trainer sagt, dass er eine Bewegung machen und ein Wort ausrufen wird. Alle sollen die Bewegung nachmachen und das Wort wiederholen.

1   Der Trainer macht einen Schritt nach vorne, führt die rechte Hand von links oben nach rechts unten und ruft: „Schluss!" – Die TN machen das nach.

2   Der Trainer macht einen Schritt nach vorne, führt die linke Hand von rechts oben nach links unten und ruft: „Aus!" – Die TN wiederholen das.

3   Der Kursleiter macht einen Schritt nach vorne, kreuzt beide Hände vor dem Körper und ruft laut: „Basta!" – Die TN machen es ihm gleich.

Wirkung

Diese Übung setzt der Veranstaltung ein klares Ende. In der Regel wird diese Aktivität auf Grund des Überraschungs-effekts mit viel Lachen und anschließendem Applaus bedacht. Da neben dem ersten Eindruck in einer Veranstaltung auch der letzte Eindruck zählt, wird diese Übung den TN sicherlich in guter Erinnerung bleiben.

Marcus Koch

Barometer der Gefühle

Zweck: kurzes, nonverbales Feedback für den Kursleiter, zum Abschluss bestimmter Themenbereiche und am Abend bei mehrtägigen Seminaren

Dauer: ca. 10 Minuten

Anzahl der Teilnehmer: beliebig

Hilfsmittel: Flipchart bzw. Pinnwand mit Moderationskarten, bunte Moderationspunkte

Beschreibung

Die TN sitzen im Stuhlkreis. Der Kursleiter schreibt auf ein Flipchart oder an eine Pinnwand folgenden Text: „Wie fühlen Sie sich jetzt?" Darunter malt er Smileys mit verschiedenen Gesichtsausdrücken. Dann gibt er jedem TN einen Klebepunkt.

Die TN kleben ihren Punkt zu dem Smiley, der ihrer Stimmung am besten entspricht.

Wirkung

Das „Barometer der Gefühle" gibt den TN die Möglichkeit der Reflexion. Vorteil der Smileys ist z. B., dass auch etwas zurückhaltendere TN, die vielleicht Probleme damit haben, ihre Meinung in die richtigen Worte zu packen, hier einfach ihre Meinung äußern können. Wenn Sie als Kursleiter dieses Barometer nach einzelnen Themenabschnitten bzw. am Abend eines Seminartages einsetzen, haben Sie die Möglichkeit, Veränderungen an Ihrem Konzept vorzunehmen, falls viele Minus-Punkte angebracht wurden.

Monika Schubach

Rück(en)meldung

Zweck: persönliches Feedback für die TN

Dauer: ca. 20 Minuten

Anzahl der Teilnehmer: beliebig

Hilfsmittel: DIN-A4-Karton, 1 Flipchartstift pro TN, Kreppband

Beschreibung

Jeder TN erhält einen Karton, einen Flipchartstift und einen Streifen Kreppband. Auf den Karton (Hochformat) schreibt er nun „An dir gefällt mir" oder „Ich schätze an dir" und lässt sich den Karton auf seinem Rücken mit einem Kreppband-Streifen befestigen. Nun werden alle vom Trainer aufgefordert, im Raum spazieren zu gehen und bei jedem anderen ein Feedback auf den Rücken zu schreiben. Zum Schluss dürfen die TN ihr Rückenblatt abnehmen und die Rückmeldungen lesen.

Wirkung

Ein schöner Abschluss für jeden TN, da er viel Positives über sich erfährt und mit einem angenehmen, aufbauenden Gefühl nach Hause gehen kann.

Susanne Beermann

Tagesschau

Zweck: ausführliches Feedback für TN und Trainer, Kreativität, Gruppengefühl

Dauer: ca. 30 bis 45 Minuten

Anzahl der Teilnehmer: beliebig

Hilfsmittel: Flipchart, Whiteboard, evt. weitere Medien

Beschreibung

Die TN setzen sich in Kleingruppen zusammen. Die Aufgabe für jede Gruppe ist, die für sie wichtigsten Inhalte und Erkenntnisse des heutigen Tages bzw. des gesamten Seminars in einer Reportage für die „Tagesschau" zusammenzufassen. Dabei dürfen verschiedene Medien wie Flipchart, Whiteboard oder auch PC mit Beamer zum Einsatz kommen. Auch können Interviews („Live aus New York") und Kommentare in die Berichterstattung eingebunden werden. Nach etwa 20 Minuten Vorbereitungszeit darf jede Gruppe nacheinander ihren Nachrichtenbeitrag präsentieren.

Wirkung

Diese Form des Abschlusses bietet mehrere Aspekte auf einmal: Gruppendynamik, Aktivierung, Kreativität und Wiederholung.

Die TN nehmen die für sie wichtigsten Inhalte mit nach Hause und das Bewusstsein, gemeinsam eine Aufgabe (Tagesschau-Reportage) gelöst zu haben. Der Trainer erfährt, welche Inhalte und Erkenntnisse angekommen sind und welche nicht.

Susanne Beermann

Memo

Zweck: das Wichtigste aus dem Seminar/Workshop in den Alltag mitnehmen

Dauer: ca. 10 Minuten

Anzahl der Teilnehmer: beliebig

Vorbereitung: aus farbigen DIN-A4-Blättern im Hochformat je vier gleich große Streifen schneiden

Beschreibung

Die TN erhalten je zwei (oder drei) farbige Papierstreifen. Sie sollen nun jeweils einen Begriff darauf schreiben, der ihnen besonders wichtig erscheint: sei es als Resümee aus dem Seminar oder als Aufgabe, die sie zukünftig umsetzen/anwenden wollen. Dann werden die Papierstreifen so gut wie möglich zusammengefaltet. Jeder TN nimmt nun seine „Memos" mit und legt diese an Stellen ab, wo er immer wieder auf sie stoßen wird, z. B. Geldbeutel, Tasche, Schublade, Schreibtisch usw.

Wirkung

Die TN erinnern sich beim Notieren noch einmal an wichtige Eindrücke und Erkenntnisse, fixieren diese schriftlich und verankern sie dadurch in ihrem Gedächtnis. Die bunten Memos erzeugen später allein schon beim Betrachten eine Assoziation zum Seminar. Das Lesen selbst ist meist gar nicht mehr erforderlich.

Susanne Beermann

Mannschafts-Gefühl

Zweck: Abschiedsgruß

Dauer: ca. 1 Minute

Anzahl der Teilnehmer: bis zu 20

Beschreibung

Alle Teilnehmer stehen im Kreis. Ein Teilnehmer beginnt und streckt seine rechte Hand – mit dem Handrücken nach oben – in die Mitte. Der Nachbar neben ihm – egal ob links oder rechts – legt seine rechte Hand darauf. So geht es reihum, bis alle ihre rechte Hand auf der des Nachbarn „abgelegt" haben. Einer aus der Gruppe – z.B. der, der angefangen hat – spricht einen Abschiedsgruß.

Wirkung

Das ist eine schöne Abschiedsgeste, die oft eine verblüffende emotionale Wirkung hat: Es entsteht zum Schluss noch einmal ein starkes Gruppengefühl.

Abgeschaut ist diese Form des Abschieds aus dem Mannschaftssport. Auch dort werden derartige Gruppenrituale gepflegt.

Monika Schubach

Adressen für den Bezug von Hilfsmitteln

Haben unsere Spiele und Übungen Ihr Interesse geweckt? Sind Sie nur noch auf der Suche nach den entsprechenden Hilfsmitteln? Bei folgenden Firmen finden Sie alle im Buch genannten Utensilien und noch vieles mehr, was Ihr „Spiele-Herz" höher schlagen lässt. Viel Spaß beim Einkaufen.

Lernmaterial

villa bossaNova

Holz 1 a
42857 Remscheid
E-Mail: info@villa-bossanova.de
Internetseite: www.villa-bossanova.de

Trainings-Ideen Simmerl

Vandaliastr. 7
96215 Lichtenfels
E-Mail: trainings-ideen@simmerl.de
Internetseite: www.trainings-ideen.de

Neuland GmbH & Co. KG

Am Kreuzacker 7
36124 Eichenzell
E-Mail: info@neuland.com
Internetseite: www.neuland.eu

edding AG – Legamaster

Bookkoppel 7
22926 Ahrensburg
E-Mail: info@edding.de
Internetseite: www.legamaster.de

Bilddatenbanken

fotolia Bildagentur: http://de.fotolia.com

gettyimages®: http://www.gettyimages.de

shutterstock: http://www.shutterstock.com

Die Autoren

Susanne Beermann

(1963–2012) war freiberufliche Trainerin in den Bereichen EDV, Organisationsmanagement und Lerntechniken sowie Verlagsberaterin mit den Schwerpunkten Marketingkonzeption und Projektmanagement

Brigitte Calenge

Sprachtrainerin für Französisch in Unternehmen; DGSL-anerkannte Suggestopädin; Gründerin von Kreatives Seminardesign©

Vive Lebendiges Französisch und Lebendige Trainings
Brigitte Calenge
Matthias-Mayer-Str. 3
81379 München
E-Mail: info@vive-sprachtraining.de
www.vive-sprachtraining.de

Claudia Harrasser

Freiberufliche Englisch-Trainerin in Unternehmen; DGSL-anerkannte Suggestopädin; Geschäftsführerin von LANGUAGE WORLD, Starnberg

LANGUAGE WORLD Fremdsprachentrainings GbR
Josef-Jägerhuber-Straße 13
82515 Starnberg
E-Mail: training@languageworld.de
www.languageworld.de

Marcus Koch

Trainer – Berater – Konzeptor für Business-Englisch, Kommunikation, Train-the-Trainer-Konzepte

Marcus Koch
CALL English
Bettenweg 6
63512 Hainburg
E-Mail: marcuskoch65@aol.com

Ortrud E. Tornow

Geschäftsführerin und Inhaberin von Tornow Erfolgstraining; geschäftsführende Gesellschafterin dta international; Mitglied im Q Pool 100; Certified Business Trainer

Führungskräfteentwicklung, Führungsrhetorik, Nachwuchskräfteentwicklung, Change Management, Konfliktmanagement, Coaching

Ortrud E. Tornow
Am Rosengarten 26
36037 Fulda
Tel.: 0661/7 25 00
E-Mail: info@tornow.de
www.tornow.de

Monika Schubach

EDV-Trainerin, -Gutachterin und -Autorin, Lehrerin für Informatik, DGSL-anerkannte Suggestopädin, Autorin

Monika Schubach
König-Rudolf-Str. 103 A
87600 Kaufbeuren
E-Mail: monika.schubach@gms-schubach.de

Erich Ziegler

Suggestopädischer Trainer in Unternehmen und Verwaltung; arbeitet mit gezieltem Einsatz von Spielen – insbesondere als Beitrag zum Lernklima und zur Herstellung des Einklangs (Rapports) in Gruppen

Erich Ziegler
Hebbelstr. 52 b
50968 Köln

E-Mail: info@teamentwickler.eu
www.teamentwickler.eu

Impressum

Bibliografische Information der Deutschen Nationalbibliothek
Die Deutsche Nationalbibliothek verzeichnet diese Publikation in der Deutschen Natio-
nalbibliografie; detaillierte bibliografische Daten sind im Internet über
http://dnb.dnb.de abrufbar.

Print: ISBN: 978-3-648-04233-5   Bestell-Nr.: 01359-0001
ePub: ISBN: 978-3-648-04234-2   Bestell-Nr.: 01359-0100
ePDF: ISBN: 978-3-648-04235-9   Bestell-Nr.: 01359-0150

Susanne Beermann, Monika Schubach, Ortrud E. Tornow
Spiele für Workshops und Seminare
1. Auflage 2013, Freiburg

© 2013, Haufe-Lexware GmbH & Co. KG, Munzinger Straße 9, 79111 Freiburg
Redaktionsanschrift: Fraunhoferstraße 5, 82152 Planegg/München
Telefon: (089) 895 17-0
Telefax: (089) 895 17-290
Internet: www.haufe.de
E-Mail: online@haufe.de
Redaktion: Jürgen Fischer
Redaktionsassistenz: Christine Rüber

Konzeption, Realisation und Lektorat: Nicole Jähnichen, München
Illustrationen: Philippe Petit
Satz: Beltz Bad Langensalza GmbH, 99947 Bad Langensalza
Umschlag: Kienle gestaltet, Stuttgart
Druck: freiburger graphische betriebe, 79108 Freiburg

Weitere Literatur

„Teams führen" von Rainer Niermeyer, 221 Seiten, EUR 29,95. ISBN 978-3-448-09043-7, Bestell-Nr. 00595

„Gesprächstechniken" von Christine Scharlau und Michael Rossié, 366 Seiten, EUR 14,95. ISBN 978-3-648-02500-0, Bestell-Nr. 00386

„Gesprächstechniken für Führungskräfte. Methoden und Übungen zur erfolgreichen Kommunikation" von Anke von der Heyde und Boris von der Linde, 222 Seiten, EUR 24,95. ISBN 978-3-448-09518-0, Bestell-Nr. 00742

„Konfliktmanagement" von Saskia-Maria Weh und Claudius Enaux, 256 Seiten, EUR 24,95. ISBN 978-3-448-08578-5, Bestell-Nr. 04024

„Lexikon der Projektmanagement-Methoden" von Günter Drews und Norbert Hillebrandt, 286 Seiten, mit CD-ROM, EUR 34,80. ISBN 978-3-448-10224-6, Bestell-Nr. 00090

Wissen to go!
TaschenGuides.
Schneller schlauer.

Kompetent, praktisch und unschlagbar günstig.
Mit den TaschenGuides erhalten Sie
kompaktes Wissen, das Sie überall begleitet –
im Beruf und im Alltag.

Mehr unter:
www.haufe.de/kommunikation
www.haufe.de/softskills

Über sechs Millionen Menschen sind schon schlauer.